家国情怀

融入实践教学的内容建构

王翠玲 杜以升◎著

辽宁人民出版社

图书在版编目（CIP）数据

家国情怀融入实践教学的内容建构 / 王翠玲，杜以升著 . 一 沈阳：辽宁人民出版社，2024.9
ISBN 978-7-205-11126-7

Ⅰ . ①家… Ⅱ . ①王… ②杜… Ⅲ . ①中学历史课—教学设计 ②中学历史课—教学评估 Ⅳ . ① G633.512

中国国家版本馆 CIP 数据核字（2024）第 085159 号

出版发行：辽宁人民出版社
　　　　　地址：沈阳市和平区十一纬路 25 号　邮编：110003
　　　　　电话：024-23284321（邮　购）　024-23284324（发行部）
　　　　　传真：024-23284191（发行部）　024-23284304（办公室）
　　　　　http：//www.lnpph.com.cn
印　　刷：沈阳海世达印务有限公司
幅面尺寸：170mm×240mm
印　张：8.75
字　　数：130 千字
出版时间：2024 年 9 月第 1 版
印刷时间：2024 年 9 月第 1 次印刷
责任编辑：张天恒　王晓筱
装帧设计：识途文化
责任校对：吴艳杰
书　　号：ISBN 978-7-205-11126-7
定　　价：68.00 元

前　言

实践教学是培养学生家国情怀的重要途径之一。随着社会的发展和教育理念的转变，越来越多的教育者开始关注如何将家国情怀融入实践教学中，以培养学生的爱国热情和社会责任感。

本书旨在探讨如何将构建家国情怀融入实践教学的内容，通过对实践教学理论和实践案例的研究与分析，总结出有效的教学策略和方法。我们希望本书能够为广大教师和实践教学工作者提供有益的参考，推动家国情怀融入实践教学的深入开展。

本书将分为以下几个部分：首先，我们将介绍家国情怀的内涵与特点、家国情怀的渊源与发展以及家国情怀的历史意义与时代价值。其次，我们将探讨家国情怀的典型案例，包括中外爱国主义英雄传奇和习近平总书记的家国情怀。接着，我们将研究如何将家国情怀具体融入党校和中学历史课堂实践教学的内容构建中。最后，我们将总结新时代弘扬家国情怀的理论逻辑与实践路径。

本书的意义在于促进家国情怀的培养和实践教学的发展，通过将家国情怀与实践教学相结合，我们希望能够激发学生的爱国情感和社会责任感，培养他们的社会实践能力和创新精神。

　　愿本书能够为家国情怀融入实践教学的内容建构提供有益的启示和借鉴，为推动教育改革和学生综合素质的培养作出积极贡献。让我们共同努力，推动家国情怀融入实践教学朝着更加深入和广泛的方向发展！

目　录

第一章　绪论

第一节　家国情怀的内涵与特点

未有我之先，家国已在焉；没有我之后，家国仍永存。多少沧桑付流水，常念家国在心怀。家国情怀是中华民族文化中独特、深沉的心理情结，这一重要范畴是本课题研究的逻辑起点，只有首先明确它的内涵与特点，才能更深入地展开研究。

一、家国情怀的内涵构成

当"家""国"选择不发生矛盾冲突时，体现为主体对小家与国家兼顾、爱家与爱国统一的价值追求；当"家""国"选择发生矛盾冲突时，体现为主体使自己的情感皈依、价值追求、心理归宿向国家、民族和人民倾斜。在新时代，家国情怀具体体现为主体对自己国家、民族和人民所表现出来的深情大爱，为实现中华民族伟大复兴的中国梦所展现出来的人生追求和自觉实践，对自己国家的高度认同感、归属感、责任感和使命感。常思兴国之道、常抱复兴之志、常怀爱民之心、常践报国之行，是家国情怀的生动写照。

家国情怀作为一种思想情感的价值取向，必然有其承载、实行和张扬的主体。根据主体的不同，可以分为个体层面的家国情怀和群体层面的家国情怀。

（一）个体层面的家国情怀

根据个体对家国共同体的情感投入大小、信念执着程度以及行动持续长短，可以从三个层次认识家国情怀，感受家国情怀的厚重浓烈。

1.在家尽孝、为国尽忠

"家"是组成一国的基本单元和细胞，"国"是千万家的伦理组合和共同利益体现。对人们来说，家是温馨的港湾，是个人情感的归宿；国是家的延伸拓展，是物质利益的载体，是精神家园的寄托。中华民族历来崇尚家国大义，在家尽孝、为国尽忠是中华民族的优良传统。所以，家国情怀首先是自觉地将家庭与国家有机地联系起来，既重视家庭建设，又重视国家建设，并力求实现二者的圆融统一。

中华伦理文化自古以来就注重"家"与"国"的联动互通，无论是天下之本在国，国之本在家，修身齐家治国平天下，还是"家国一体"的倡导，总是把爱家与爱国、齐家与治国、敦睦家风与铸造国魂相提并论。同时，"夫孝，天之经也，地之义也，民之行也"（《孝经·三才》），认为维系家的核心在于"孝"，是对父母、先祖的爱、养、畏、敬，但同时又强调，"忠臣以事其君，孝子以事其亲，其本一也"（《吕氏春秋》）。中国人以家为本的孝文化有其特殊性的方面，天然与"忠"紧密相连，其最高价值追求是对国家、民族的贡献。因此，鼓励人们在家尽孝、为国尽忠，个体对家有爱、对国有情，小家与国家的紧密相连、命运与共，始终是中国人精神谱系里的根本价值追求。孝为德之本，是做人的标准和本分，是维系家庭和睦幸福的基本道德规范；忠为尽己之心，是对国家竭诚尽责的至公无私[①]。即所谓个体在家孝亲敬长、安居乐业；在外爱岗敬业、爱国报国、忠于职守，将对家的情意深凝在对他人的

---

① 程翔."在家尽孝、为国尽忠"大家谈[J].共产党员，2019(6):6.61.

关爱、对国家的担当上，人生才能真正达成圆满。我国古有花木兰代父从军、《二十四孝》中的沈云英披孝守城等都是"忠孝两全"的千古佳话。无论什么时代，当小家与国家之间利益一致，二者既不矛盾也不冲突时，"孝忠两全""公私两尽"是大多数中华儿女努力追求的理想状态。都说国很大，其实一个家。一心装满国，一手撑起家。家是最小国，国是千万家。"家"在"国"中卿卿我我、吉祥如意；"国"靠着"家"生生不息、兴旺发达。

2.先国后家、国重于家

没有国家的繁荣发展，就没有家庭的幸福美满；同样，没有千万家庭的幸福美满，就没有国家的繁荣发展。因此，爱家不能小家子气，更不应局限于小情怀、小浪漫之中。自古以来，家国难两顾、忠孝难两全。在中华民族的历史上，当家庭需要与国家需要打破平衡、发生利益冲突时，忠孝无法同时满足、统筹兼顾时，优秀的中华儿女虽眷念亲情、心怀亲人，却能够在家与国、孝与忠的抉择中，毫不犹豫地将国家、民族利益置于最高位置，家庭需要、个人利益服从于国家、民族大义，甘于舍"小家"为"国家"、舍亲情为大爱，急国家之所急、解国家之所难，赴汤蹈火、义无反顾，彰显出浓烈的家国情怀。古有范仲淹"先天下之忧而忧，后天下之乐而乐"的无私胸怀，诸葛亮"鞠躬尽瘁，死而后已"的人生追求，林则徐"苟利国家生死以，岂因祸福避趋之"的献身精神；近有毛泽东"埋骨何须桑梓地，人生无处不青山"的报国志向，周恩来"为中华之崛起而读书"的豪迈誓言，习仲勋"以工作为重，以国家大事为重"的公仆襟怀，以及焦裕禄、杨善洲、王继才等先进模范，都表现出其浓浓的家国情怀。还有，为了尽快控制新冠疫情，帮助国家、人民渡过难关，社区志愿者、医护人员、快递员等平凡百姓，不顾个人安危，毅然当"最美逆行者"，奔波劳碌在抗疫一线。在海拔5380米的神仙湾、最低气温达零下60摄氏度的伊木河、在祖国最高的驻兵点5592观察哨等，边防官兵胸怀祖国，与恶劣环境、枯燥孤寂搏斗，在巡边路上用战备执勤守护万家灯火，用坚守一线换来世间团圆。

哪怕自己过年不能回家与父母团圆、不能与爱人相聚，也无怨无悔，他们用青春证明了最浪漫的不是花前月下，而是忠诚信念；最感人的不是卿卿我我，而是以身许国。当家国之间发生价值冲突时，这种先国后家、国重于家的价值选择和价值取舍，正是优秀中华儿女家国情怀的真实写照。

3.爱国如家、舍家为国

在特殊时代、特定境况、特别任务下，当面对家国之间遇到直接的、非此即彼的利害冲突时，特别是家国面临共同的、整体性的外来威胁时，关乎国家民族的生死存亡，此时国的利益应该高于家的利益，个体应当毫不犹豫地舍家为国，将全部精力、青春年华甚至生命投入国家和民族的需要之中，从而达到毫不利己、公而忘私的家国情怀最高境界。中华人民共和国成立后，面对西方敌对势力的核讹诈，钱学森、邓稼先、郭永怀等老一辈知识分子，为了让中国人过上有尊严的生活，毅然放弃国外优厚的待遇，突破重重阻碍回到祖国，干惊天动地事，做隐姓埋名人，远离家庭亲人，扎根戈壁大漠，为祖国造出"争气弹"，从而挺直腰杆子立下汗马功劳。"核潜艇之父"黄旭华是家人口中的"不孝子"，大学毕业后就消失了，隐姓埋名30年，其间他一次也没有回过广东老家，甚至连父亲、二哥去世都没有回家奔丧，30年后才终于见到了母亲，他始终忍受着亲人的误会和埋怨，心无旁骛地扑在工作上，顶住巨大压力成为核潜艇总设计师，并亲自下水做深潜测试的第一人，最终为国"铸盾"，让中国在世界挺直了腰杆。他说："对国家的忠，就是对父母最大的孝。"这些个体、群体追求的爱国如家、国而忘家的崇高境界，实质上是由表及里地将爱国之情、忧国之心、报国之志升华到了信仰层面，转化为坚定的、自觉的兴国强国之行，不因时间的流逝而淡化，不因艰难险阻而放弃，不因利益诱惑而动摇，不因遭受压力而屈服，从而真正彰显出浓烈的家国情怀。

综上所述，家国情怀基于自然血缘之爱，当家国发生矛盾或忠孝不能两全的时候舍"小家"为"大家"，并将为国尽忠视为最大、最高意义上的孝。这种国家情怀，一方面通过推己及人提升了中华家族伦理的精神境界。"老吾老以及人之老，幼吾幼以及人之幼"（《孟子·梁惠王上》），借助这种爱意延伸的家庭美德，由个人而家庭、由家庭而社会、由社会而国家、由国家而世界。具体地说，在肯定家庭内部幸福和谐的基础上，力主建构亲仁善邻、守望相助的外部关系，建构一个"民胞物与"的情理圆融性社会、中华民族共同体、人类命运共同体等，这就使得中国人的家国情怀具有了更深刻、更广泛的内涵。它不是狭隘的仅仅爱自己的家或自己的国，不是狭隘的民族主义、排他的爱国主义，而是一种襟怀天下的气度与情感。另一方面，夯实了中华爱国主义的主体精神基础。这种由私而公的家国情怀，由爱家庭延伸到爱故乡、爱乡亲和爱祖国的层面上，并将"保家"与"卫国"、爱民与爱国有机结合，体现为对国家民族休戚与共的担当和超越功利得失的作为，从而为中华爱国主义浇筑了出乎本然、适乎自然和理所当然的价值基座，使得中华爱国主义的精神大厦根基深厚，故能在历史的风雨冲刷下永远坚固、巍然屹立，为中华民族提供行稳致远、不断发展壮大的动力源泉和精神旗帜。

（二）群体层面的家国情怀

根据群体的阶级立场、职业分工、年龄层次等方面的不同，可以区分不同群体的家国情怀，如中国共产党人的家国情怀、知识分子的家国情怀、劳动模范的家国情怀、运动员的家国情怀、大学生的家国情怀、青年的家国情怀等。

家国之间是一种双向互动，家国情怀不仅体现在每个家庭、每个个体对国家负责，还体现在"国家共同体"对每个家庭、每个个体负责，成为家庭存在发展、个体成长进步的坚强后盾。在中华民族的发展史上，也曾经因为封建统治阶级不关心百姓疾苦，不关心家庭冷暖，导致

"国不知有民，民不知有国"的境地，彼时的中国一盘散沙。

一个国家治理者所有的努力，就是要将进步的福祉契合于每个家庭、每个人的细微感受之中，对普通百姓有着实实在在、发自内心的关切。个体的幸福、家庭的幸福与国家的繁荣富强才能相互激发、共同成就。"坚持人民至上"是中国共产党百年奋斗的历史经验之一。中国共产党自诞生之日起，就将朴素的家庭感情与爱国情怀融为一体，自觉地从孝亲敬老、兴家乐业的道义走向济世救民、匡扶天下的担当，在拯救千千万万个"小家"的责任中实现民族独立、"大国"复兴，形成了"小家"与"大国"同声相应、同气相求、同命相依的家国情怀。党的十八大以来，以习近平同志为核心的党中央高度重视民生问题，以发展教育事业、提高就业质量、提升人民收入、完善社会保障体系、推进脱贫攻坚工作、实施健康中国战略等一系列举措，着力保障和改善民生，使人民群众的获得感、幸福感、安全感不断增强。可见，家国相依、命运与共，只有实现中华民族伟大复兴的中国梦，家庭梦才能梦想成真。

二、家国情怀的特点

家国情怀是中华传统文化中最宝贵、最活跃的精神资源，是中华儿女自家而国一脉相承、浑然一体的价值认同和人生追求，是对中华民族命运共同体的热爱和捍卫，成为中国精神气脉中最本真、最动人、最悠久的情怀。

（一）民族性

家国情怀是在中华民族特有的政治结构、文化环境下产生的社会意识，具有特定的民族和国家指向，是根植在中华儿女内心深处的内在品格和精神元素，是最深沉的民族禀赋、最鲜明的精神基因。在中华民族五千多年的发展史上，无数中华儿女主动把个人命运与国家命运、民族命运紧密联系起来，将对家和亲人的眷念之情与忧国忧民的爱国之情融为一体，表现为对国家、民族的责任担当上、对人民的深情大爱上。如岳飞以身许国事事皆敢为、范仲淹天下忧乐的情感共鸣、顾炎武天下兴亡的匹夫担当、林则徐国家利益面前的义无反顾、关天培孤军无援死守阵地英勇牺牲、邓世昌与日舰血战到最后一刻等等。近代以来，山河破碎、民族危亡，在烽火狼烟的革命战争中，为了反抗侵略、抵御外侮，为了民族独立、人民解放，李大钊、陈延年、陈树湘、瞿秋白、杨靖宇、赵尚志、赵一曼、左权、彭雪枫等中华儿女，为了国家民族与人民福祉舍小家顾大家、舍小爱成大爱，救亡图存、慷慨赴死。中华人民共和国成立之初，侵略朝鲜的美军飞机多次轰炸我东北边境地区，严重威胁人民生命财产安全。之后，中国人民志愿军将士入朝作战，历经两年零九个月艰苦卓绝的浴血奋战，赢得了抗美援朝战争的伟大胜利。197000多名英雄儿女为了祖国、为了人民、为了和平献出了宝贵生命，拼来了山河无恙、家国安宁。因此，中华民族的家国情怀犹如川流不息的江河，流淌着民族的精神道统，浸润着中华儿女的精神家园，无论走到哪里，无论身在何处，始终是镌刻在中华儿女灵魂深处永不磨灭的印记。

（二）伦理性

情怀，指心境、心情；表达人的情感。"情怀"是一个中性词，并非都是高尚的，也可以是平庸的、庸俗的，甚至可以是恶劣的。高尚的情怀是其中的一种。家国情怀是主体从父慈子孝、兄友弟恭等到报效国家、心怀天下，把以血缘关系为纽带的天然亲情推己及人、由家及国的责任意识和价值追求，其实质是一种家国一体、家国两利的规范伦理之集中体现，又是先国后家、国高于家的伦理美德之价值体现，表明了中国人既重视二者结合，又崇尚国家与民族大义的精神价值取向。对于家国之间，如在家尽孝、为国尽忠，先国后家、国重于家，爱国如家、舍家为国等荣辱与共、休戚相关、不可分割的关系，主体有着清晰的意识性和自觉的取向性，被浸染了极强的社会责任感和历史使命感，所以是一种高尚的道德情怀。这种情怀往往是中华儿女经过家庭或社会的内外教化后，基于家国关系的道德认识之上产生的一种积极的情感认同、价值选择和心理倾向。在中华民族历史上，无论在哪个历史时期，不爱自己的国家和民族，置家国大义于不顾，为了个人利益出卖国家和民族利益的人都最令人不齿。南宋时期秦桧害死了抗金将领岳飞，被后人铸成铁像，永远跪在杭州岳飞坟前，世代被人唾骂。抗日战争中汪精卫、周佛海、陈璧君、陈公博、殷汝耕等投靠日本侵略者认贼作父、助纣为虐的汉奸，最终被钉上了历史的耻辱柱，遗臭万年。反之，凡是有着浓烈家国情怀的历史人物，都被给予高度的道德评价，流芳百世、永垂不朽。

（三）历史性

在不同的历史条件和文化背景下，家国情怀具体表现形式会有所不同，个体对家国情怀有着不同的理解和表达，形成了具有历史特点的家国情怀。从屈原的"长太息以掩涕兮，哀民生之多艰"，范仲淹的"先天下之忧而忧，后天下之乐而乐"，张载的"为天地立心，为生民立命，为往圣继绝学，为万世开太平"，文天祥的"人生自古谁无死？留取丹心照汗青"，顾炎武的"天下兴亡，匹夫有责"，林则徐的"苟利国家生死以，岂因祸福避趋之"，到鲁迅的"寄意寒星荃不察，我以我血荐轩辕"，方志敏的"敌人只能砍下我们的头颅，决不能动摇我们的信仰"，周恩来的"为中华之崛起而读书"，抗战中的程雄写下"儿为伟大而生，光荣而死，是我做儿子最后的心意……"誓与侵略者血战到底的呐喊，彰显了心系家国、不惧生死的崇高境界。这些都是家国情怀在不同时代的经典表达，字里行间洋溢着中华民族的家国之情。进入新时代，奋力实现中华民族伟大复兴的中国梦就是与这种家国情怀一脉相承，就是新时代家国一体的最新表述。疫情中"最美逆行者"的主动请缨、忘我奉献，四川凉山救火英雄的英勇扑火、不畏艰险，脱贫攻坚基层干部的砥砺前行、坚守初心，他们都义无反顾地选择以身许国，"以无我铸就大我"，用行动诠释"功成必定有我"的时代担当。可见，家国情怀的内涵是随着历史的发展变化而不断发展变化的，带有鲜明的历史性特征。

（四）传承性

翻开中华民族的万卷史书，字里行间都是家国大爱。家国情怀是中华民族历经磨难而不衰、中华文明源远流长的精神动能。无论世事如何变迁、朝代如何更迭，对家庭、故乡的朴素情感始终流淌在中华儿女的血脉之中，对多元一体的国家认同始终召唤着中华儿女团结奋斗。

家国情怀通过国家制度、日常生活、文化熏陶，融入了中华民族血脉传承至今。从家庭层面看，家国情怀的代代传承由家风家教开始。父母长辈、兄弟姐妹的言传身教、耳濡目染就成为个人发展、家族世代传承的宝贵资源。抗击疫情中的逆行者们在奔赴一线时也为自己的孩子作出了很好的榜样，很多孩子一夜之间长大了，开始学会承担起家庭的责任，这就是一种家国情怀的传承。从国家层面看，得益于长期以来的教育和人才选拔制度。历朝历代的科举考试确保了儒家经学绵延不绝，士人在读书治学的过程中，对家国理念的认知也越来越清晰，并渗透到日常实践中。进入新时代，中共中央、国务院印发《新时代爱国主义教育实施纲要》，强调要在全社会"厚植家国情怀，培育精神家园，引导人们坚持中国道路、弘扬中国精神、凝聚中国力量，为实现中华民族伟大复兴的中国梦提供强大精神动力"，提出要注重落细落小落实、日常经常平常加强公民爱国主义教育，使人们随时随地受到爱国主义的感染与熏陶，在潜移默化中厚植家国情怀。从社会层面看，古有地方大儒建私人书院把家国理念以学术的方式、社会的途径传播开来，或通过说书、戏剧等方式实施"高台教化"，使岳飞、文天祥、戚继光、史可法、郑成功等历史人物的家国精神代代相传。

第二节　家国情怀的渊源与发展

在中华文明数千年的演进历程中，作为个人对家庭和国家共同体的认同与热爱，家国情怀的萌生及发展有着深厚的滋生土壤和历史渊源。

一、家国情怀萌生的渊源

任何一种价值情感或心理的产生都有其根源，古代"家国同构"的政治模式、"家国一体"的伦理观念、群体延续的生命认知就是家国情怀萌生滋长的社会基础和思想前提。

（一）源于"家国同构"的政治模式

我国很早以前就是"家国同构"的政治模式，体现为家与国在组织结构上的共通性。夏商周时期建立的国家起源于家族间的征服战争，胜出的家族依据宗法制建立国家，形成"家国同构"的政治模式。西周时期的宗法制规定，嫡长子具有天子之位的继承权利，是天下的大宗。周天子分封诸侯国，各个诸侯国相对天子而言是小宗，是周王室的附属。诸侯再分封土地和人民给公卿大夫立家，进而形成了金字塔式的封建等级秩序。换言之，"家国天下"是由以宗法制与分封制连为一体的公卿大夫、诸侯与天子组成。天子象征着天下，诸侯意味着列国，公卿大夫代表着采邑，家国天下之间，通过层层分封与效忠形成了血缘—文化—政治共同体。他们彼此上下间依据周礼而建立复杂严密的"大家庭"关系，既是亲戚，又是君臣。《左传》曾载："天子建国，诸侯立家，卿置侧室，大夫有贰宗，士有隶子弟，庶人工商，各有分亲，皆有等衰。"由此可见，无论是诸侯的"国"、卿大夫的"家"，还是士、庶人工商等是属于同一血缘的氏族，这就使得宗族组织和国家组织合二为一，由此产生"家国同构"的政治模式。以血缘亲情为本位的家庭或家族管理形式，不仅父权与君权互为表里，而且二者传承方式也基本一致。此时，国与家虽有大小之别、上下之分，却仿佛一个有机体的微小局部与庞大整体的关系，既息息相关不可分割，又命运相连休戚与共。一方面，家是国的最小社会单位，是国的细胞和缩影，没有家就没有国；另一方面，国是家的放大和延伸，是家庭细胞赖以生存的肌体，国盛才能家兴，国破则难免家亡。

春秋战国，礼崩乐坏，"家国同构"的政治模式在大一统的新型秦汉体制中更新换代。秦建立了君主专制，明确皇权至上。商鞅在秦改革时，推行的"连坐法"以户籍编制为基础，其规定封建专制可以直接对户籍家庭进行管理。这进一步突出了家庭和国家的关系，强调了户籍家庭的稳定对维护社会稳定和巩固封建君主制的重要性。从那以后，权力的流转交替都在同族血亲之间进行。到了汉武帝时，董仲舒提出了"三纲五常"思想，使得宗法家族的父子、夫妇伦理与国家的君臣之道高度同构，王朝的政治关系变成家族伦理关系的放大，伦理与政治高度一体化，"家国同构"更加稳固。宋元时期，血缘关系而产生的自然等级愈加分明，各种政治活动更加重视血缘关系。到了明清时期，部分地区演变成由某个家族进行政治统治。与此同时，在封闭自然经济下对"家"的认可，顺其自然地延展至对"国"的认可，于是就有了封建官员被称为"父母官"，从政时应爱民如子、视民如伤的要求。正是基于这样的情感传导模式，传统中国"家国同构"的政治模式及社会结构得以延续下来。

"家国同构"是中华民族历朝历代治国理政的基本模式。正如古语所说："一屋不扫，何以扫天下？"在中国人的意识中，"斗室"与"天下"无异，"陋室"与"朝堂"同工。家国情怀就是立足于这样的政治模式及社会现实而产生的，也成为历代有志之士实现人生理想和价值的必备情怀。

（二）源于"家国一体"的伦理观念

在我国，"家"实质上代表一种以血缘为依据而聚居的团体，是一个本源而直接的伦理实体。古代的"家"字，其本义上内涵逐步引申和转化，也可指个体或群体出生、长期聚居并带有情感色彩的"家乡"。"家"字还有宗庙、政权等古义，在某种程度上也指向国。"国"最初被写作"國"，"國"字"口"的部分代表范围，"一"代表土地，"戈"则代表持有武器、用武力来保卫国家、保护千万家。从政治的角度来看，国家是指拥有共同的语言文化背景，同属相同种族，在血统上一脉相承，有统一固定的领土，有统一集权的政府组织，有共同历史渊源的社会群体，可以被视为很多个小家庭组合的大家庭。我国近代学者王国维先生在《殷周制度论》中这样写道："此数者，皆周之所以纲纪天下，其旨则在纳上下于道德，而合天子诸侯卿大夫士庶民以成一道德之团体。"其主要含义是"家国一体"以追求道德共同体。因此，在中华民族的传统观念里，家是最小国、国是千万家，家是国的家、国是家的国，家与国紧密相连，成为"家国一体"。但是，"国之不存，家将焉附？"国是维护家的外部屏障，国是第一位的，没有国就没有家，家与国休戚与共，个人命运与国家存亡息息相关，没有国家的统一强盛就没有家庭的美满和个人的幸福。

"家国一体"的伦理价值观突出强调"忠孝一体"。孝道表达的是建立在"敬心"基础上子女对父母的敬爱。"忠"即个人由内而外的真实情感，它针对的是国家层面。由此可见，"家国"由小及大，体现出一种自家而国的逻辑递推关系，从而有了之后"敬德保民""仁者爱人"的追求，以及通过自身"鞠躬尽瘁，死而后已"的拼搏奋斗求得国泰民安的社会伦理道德与责任意识。由此可见，"家国一体"的伦理观念塑造了中国人以民族利益、国家利益为上的高尚人格与道德品质，培育了有志之士自觉爱国奋斗、为国分忧解难、勇于牺牲奉献的家国情怀与境界追求。

"家国一体"的伦理观念以"天下为公"为纽带。《礼记·礼运》言:"大道之行也,天下为公。"在中华民族的历史上,"天下为公"一直是民族价值观的最高实现目标。"公"的理念,萌芽于尧舜禹的禅让和为民尽心竭力的传说,后来儒家将"公"化为道德规范,使之成为个人及社会群体的普遍遵循;法家借助强力使"公"上升为法律制度,约束社会管理及民众生活等各个领域。在此之后,"公"成为中华民族价值观第一要义,其核心是坚持集体利益、民族利益、国家利益为上,并以此成为"家国一体"的重要纽带。在现实生活中,当"忠"与"孝"出现孰先孰后问题的时候,解决这一问题的核心要义就在于"公",即当家庭与国家、个人与群体发生矛盾冲突时,主体能够舍小我而就大我、舍私利而就公义。因此,当全民族将为国尽忠作为自觉追求和价值认同时,中华民族的爱国主义就成为民族精神的核心。

(三)源于群体延续的生命认知

家国情怀源于中华儿女对生命的一种认识。中国传统的生命观是一个完整的体系。从家庭到家族,从家族到家乡,再从家乡到国家,都是一个整体。在西方文化中,生命都是独立的个体,上帝造一个你、造一个我,人与人只能发生外在关系,不可能发生内在关系。但在中华文化中生命相互关联,不是一个个独立的个体,而是一个群体。《尚书》里有"惟天地万物之父母",说的是天地是父母,人们之间都是同胞。北宋哲学家张载说:"民吾同胞,物吾与也。"强调人民都是同胞,物跟人都是同类。中国人重视对每个生命的关联,而最紧密的是因血缘关联的家人。祖孙三代组成一个小家,祖父有兄弟姐妹,他们还有兄弟姐妹,这是关联的五族。同一地区同姓家族的亲戚朋友更广泛,一点点向外扩大,到家乡乃至整个国是一个最大的家。所以,中华儿女的生命观,不是一个孤立个体的生命观,而是一个群体的生命观,是一个延续的生命观。除此之外,在中国历史上,有"美不美,家乡水;亲不亲,故乡人"这种情系故土的朴实古语,也有"遥望中原怀故土,静观落叶总归根"这种心怀祖国、寄情桑梓的深情诗句，可见，中华儿女关心的不仅仅是小家，也关心家乡、国家乃至世界。所以，血缘关系、地缘关系对中华儿女家国情怀的形成有着重要影响。中华民族历来讲究光宗耀祖、落叶归根。随着国家发展和社会变迁，乡下人迁到城市、城市人移居海外，新环境下的生活方式往往让人们找不到归属感，由此产生了对童年的回忆和对故乡的怀旧之情。这种怀旧之情不仅仅是对往昔和故土的眷恋，更是对故乡、国家的认同，是家国情怀的感情依托。

因此，家国情怀是中华儿女对自己家庭和国家福祸一体、荣辱与共、休戚相关的情感体验以及价值认识的产物，也是根源于家国同构的政治模式、家国一体的伦理观念、群体延续的生命认知基础上的一种既朴素又深刻的伦理情感和民族心理。

二、家国情怀的发展变化

仰望历史的天空，家国情怀熠熠生辉；跨越时间的长河，家国情怀绵绵不断。在五千多年的中华文明史上，中国历代王朝盛衰更迭不断，中华民族之所以能够历经磨难、饱尝艰辛而不屈不挠、历久弥新，家国情怀始终是中华民族一脉相承的价值理念。但是，由于长期封建专制统治造成的封闭和愚昧，加上近代以来半殖民地半封建社会处境造成的压迫和摧残，中华民族的家国情怀也曾黯然失色，一般中国人尤其是农业人口，在侵略、压迫和摧残面前表现得麻木、散漫、无为和绝望。

在我国封建社会里，传统家国之间的动态和谐，离不开强有力的中央政府，离不开体恤子民的统治者，历朝历代的盛世皆是如此。1921年中国共产党成立后，中国人民的精神开始由被动变为主动，中国人民真正团结起来了。在整个抗日战争时期，中国共产党通过广泛的组织和深入的动员，使与世隔绝、自给自足的贫苦大众第一次认识了自己，认识了抗战，认识了中国，认识了世界，也认识了自己拥有的力量。抗战时期，有一首很有名的爱国歌曲叫《松花江上》。在目睹日本军队占领东北后，几十万东北普通百姓和东北军流亡到了西安，中共早期地下党员张寒晖有感而发写下这首悲歌:"我的家在东北松花江上,那里有森林煤矿,还有那漫山遍野的大豆高粱。我的家在东北松花江上,那里有我的同胞,还有那衰老的爹娘。"家国相依,命运与共,国与家就这样更加紧密地联系在一起了,促使人们在"保家卫国"中建立起个人与国家的直接联系,并使得中华民族的家国情怀具有了新的价值逻辑与实践方式。这极大地推动了民众从传统的家庭观念、家族观念向民族意识、国家意识转变,从而积极主动投身到民族解放运动之中。中华民族第一次形成全民共识,为了生存、繁荣、发展并自立于世界民族之林,必须在半殖民地半封建的社会历史条件下,建立独立自主的国家。

在中国共产党的带领下,中华儿女在家国情怀的支撑和凝聚下与敌人战斗到底,最终赢得了战争胜利和世界尊重。进入新时代,家国情怀继续保持着合理内核,也根据时代要求不断发展。虽然家庭仍然是社会的细胞,但是,现代社会的开放性和自由、民主、公平、公正的价值取向对每个个体和家庭都产生了深刻影响,从而使得个体、家庭、国家的相互关系发生显著变化。国家运行的规范体系对家庭构建、成员关系协调发挥强有力的引导和规范作用,许多传统观念中的"家务事"也逐步从私人领域拓展到公共领域;国家的强大、社会的进步使个人的社会化程度、主体意识得到显著提升,对于实现人的自我价值有了更加独立的判断及更为丰富的实现手段,甚至国家外部环境也可能会直接影响人们的日常生活;家庭结构、人们的婚姻家庭观念、家庭成员间的关系,均因社会多元化发展而呈现愈加丰富的样态……简言之,国家、社会的发展对个人和家庭的生存发展起主导作用①。新时代的家国情怀正是在这一社会背景中得以接续并发挥作用的。

新时代的家国情怀,继续高举爱国主义旗帜。在当代中国,爱国主义不是一句空洞的口号,必须坚持爱国与爱党、爱社会主义的统一。新时代的家国情怀,要继续坚持以人民为中心。我们党的百年奋斗史就是

---

① 陈龙江. 涵养家国情怀赓续精神血脉[J]. 奋斗,2023(23):57-58.

为中国人民谋幸福、中华民族谋复兴的历史。江山就是人民，人民就是江山。共产党打江山、守江山，守的是人民的心，为的是让人民过上好日子。近年来，共产党始终坚持发展为了人民、发展依靠人民、发展成果由人民共享。新时代家国情怀，继续实现家与国的良性互动。我们既要倡导奉献精神，又要满足群众需求；既要宣扬"舍小家为大家"，又要秉持"集大家助小家"。只有将家与国密切结合、利益共通，家国情怀才会更加深沉。

第三节　家国情怀的历史意义与时代价值

家国情怀既是中华民族优秀传统文化的重要内容，又是中华民族五千多年历史上众多志士仁人的杰出表现，更是为实现中华民族伟大复兴的中国梦不可缺少的精神状态。

一、家国情怀的历史意义

在中华民族的历史上，从历史到现实，家国的书写、大我的境界，始终激励着中华儿女勇毅前行。

（一）融入中华民族的文化基因孕育着民族精神

经过一代代中国人的努力，家国情怀扎根于中华民族的血脉之中，成为中华民族文化基因的一部分。家国情怀是中国人和中国文化的精神特质和价值标识，是每个中国人将自己的小家与大家一体化建构的伦理精神及其价值证成，凸显着"国以家为基""家以国为本"的家国命运共同体意识，助推中华民族"家国一体"的价值认同和价值共识的形成及强化。

家国情怀是中华民族最深沉的民族禀赋，是中华民族最鲜明的精神基因，深深植根于中华民族的灵魂和血液之中，既培育着中华民族的精神和人格，也体现为一种民族大义和集体人格，是中华传统文化中代代相传的精神血脉和价值基因。家国情怀中有自然朴素的伦理认知，更有对家国利益共生、命运与共的理性认识。回溯中华民族从远古到今日的进化发展历史，家国情怀贯穿古今，并在不断发展变迁中将"家"与"国"连在一起共建共享，而不是将其撕裂或对立开来，这也是中华文明能够成为世界"连续性文明"典范的独特精神义理和价值机理之所在。

在中国古代，家国情怀是中华儿女从情感和理智上将家族共同体融入民族共同体和国家共同体之中，将在家尽孝与为国尽忠视为人生两种最重要的美德，并主张"舍小家为大家"的一种崇高的伦理情怀，是中华传统文化的优良素质和闪亮基因，是中华儿女最真挚的情感归宿和最浓烈的精神底色。在中国传统文化中，家国情怀更是一种生命自觉、文化基因和终极关怀。它不仅融进代代相承的中国人血液里，而且内化为精神价值基因和终极价值追求，使一代代中国人既潜蕴着眷顾家庭的孝悌，又凸显着报效国家的忠贞，书写着中华爱国主义的不朽篇章。

（二）作为中华儿女的情感共识增强民族凝聚力

家国情怀作为精神理念、价值取向和道德规范，已经成为融入中华血脉中的文化基因，对中华民族产生了巨大的影响。家国情怀高扬对国家和家庭共同体的认同、关心、热爱、维护、奉献和担当，在这里个人的命运、家庭的幸福、国家的前途命运融为一体，同频共振、相偎相依，是中华民族精神演绎的主脉和内里呈现的核心精髓，是中华儿女灵魂深处家国一体的情感共识，是凝聚民族共同体的心理基础，也是爱国主义精神产生的伦理前提。

（三）成为有志之士的价值追求挽救民族于危亡

强烈的忧患意识、自觉的担当精神、无私的奉献情怀是家国情怀的精髓所在。以民族大义为念、以家国天下为重，把个人追求与国家民族的奋斗目标统一起来，把个人命运与国家民族命运维系在一起，这种无法割舍的家国情怀成为中华民族的重要精神支柱，让中华民族充满韧劲。在一穷二白、筚路蓝缕的建设岁月，再到波澜壮阔、惊涛拍岸的改革时代，无数先锋模范在国家前行的大势中寻找人生价值、标注成长坐标，将个体价值的实现与国家民族的命运联结在一起，投身于实现民族复兴的历史洪流。只要沉淀在民族基因里的家国情怀尚在，中华民族就会永远立于不败之地。

二、家国情怀的时代价值

中国特色社会主义进入新时代，我国各方面发生了全面而深刻的变革，家国情怀这一中华民族的精神标识继续发挥着重要作用，并呈现出独特的时代价值。

（一）家国情怀是实现民族复兴梦想的内生动力

家国情怀支撑下的中华民族命运共同体，不仅是利益共同体，更是情感共同体和价值共同体，是反映全国各族人民团结奋斗的重要精神纽带。家国情怀有利于全体人民在心理上提升认同感和归属感，在行为上强化责任感和使命感，汇成社会发展的最美和声。在实现中华民族伟大复兴的征程上，每个时代新人秉持一颗饱含家国情怀的赤子之心，就能够增强对家国一体的使命感、责任感和荣辱感，每个家庭同心同德、团结奋进，前进的脚步就一定能叠加成国家的进步；每个家庭创造的价值，就一定能实现国家富强、民族振兴、人民幸福[①]。

---

①石宇，王明生.新时代青年家国情怀涵育的价值、向度及着力点[J].思想教育研究,2023(11):102-108.

（二）家国情怀是战胜未知风险挑战的精神支撑

当前，世界百年未有之大变局加速演进，世界之变、时代之变、历史之变的特征更加明显，我国发展面临新的战略机遇、新的战略任务、新的战略阶段、新的战略要求、新的战略环境，需要应对的风险和挑战、需要解决的矛盾和问题比以往更加错综复杂。今天，我们比历史上任何时期都更接近、更有信心和能力实现中华民族伟大复兴。同时，我们必须清醒认识到，中华民族伟大复兴绝不是轻轻松松、敲锣打鼓就能实现的，前进道路上仍然存在可以预料和难以预料的各种风险和挑战。有些是常态化的、我国已经遇到的，但有些则是突发性的、我国未曾遇到的。在应对未知威胁时，需要深沉的家国情怀作支撑，家与国层面共同发力。

（三）家国情怀是人们追求美好生活的精神向导

新时代我国社会主要矛盾的转化，昭示着我们将向更加高级的美好生活跃升。重视家庭文明建设，既要物质生活充实无忧，更要精神生活充分升华，努力使千千万万个家庭成为国家发展、民族进步、社会和谐的重要基点，成为人们梦想启航的地方。家国情怀不仅是政治概念，更是一种质朴的情感和崇高的价值，是我们每个人的精神栖身之所。为家人谋幸福、为他人送温暖、为社会作贡献、为中华民族伟大复兴而团结奋斗，就是精神生活的升华，就是在追求更加美好的生活。因此，一方面，在家国情怀的影响下，家庭与国家同呼吸共命运，家庭情感与爱国情感相互交融，每个家庭有良好的家风家教，就会使家庭成员对国家有着积极正面的认知，从而助力小家为国家。另一方面，政府拥有家国情怀，国家才能成为每个家庭、个体存在发展的坚强后盾，从而支撑大家为小家。

（四）家国情怀是构建人类命运共同体的伦理根基

在中国走向世界时，家国情怀赋予中国更具特色的民族品格、文化自信与独特魅力，在国际竞争中彰显精神力量的优势。自古以来，中国文化的"齐家""治国""平天下"都紧密相连，托举起中国人"世界大同"的崇高理想。所以，中国人家国情怀彰显着坚定的道德主体性和价值自觉，体现出对异国异域文明的尊重、包容和友善之博大胸襟。长期以来，中国文化崇尚"道并行而不相悖，万物并育而不相害"的价值观念，形成了"协和万邦"的伦理精神传统，在与异域民族和其他国家相处中主张坚守和平共生、尔我不侵的伦理立场。无论是张骞出使西域开辟丝绸之路，还是玄奘西行求取真经，或是郑和七下西洋开拓海外贸易，传达的都是与异域民族和其他国家和平友善的声音，表达的都是彼此尊重、互通有无的情意。协和万邦的国际观彰显了中华民族希望与世界各国和平友好相处的真诚善意、共享天下太平的价值理念。因此，中华儿女的家国情怀是同人类命运共同体的国际关系建构、全球伦理建构休戚与共的，更好地弘扬家国情怀有助于推动人类命运共同体的构建。家国情怀是国际视野的精神依托和价值基础。人们只有具有家国情怀的时候，才能真正培育出国际主义的价值视野和伦理情怀。离开家国情怀去谈胸怀天下、人类情怀就缺乏根基且不现实。

总之，家国情怀是中华民族的精神标识，是中华儿女的精神境界，更是推动中华民族伟大复兴的精神力量。古往今来，家国情怀对国家、民族和个人发展都发挥着不可磨灭的作用！

第二章　家国情怀的典型案例

第一节　先秦文献中的爱国英雄

一、三皇五帝的家国情怀

中华民族有五千多年悠久的历史，是世界四大文明古国之一。在这源远流长的历史长河中，无数古圣先贤以至德垂万世①。在上古时代，有三位非常著名的帝王尧、舜、禹，他们均因德行至大而受四方举荐登上帝位。其中，大舜因"至孝"而感动天地，被尧帝选中为继承人，他的故事也被列为历代孝行故事之首，也是远古时代英雄人物家国情怀的最佳诠释。

尧帝16岁称帝治理天下，到86岁时，觉得自己年纪大了，希望能找到一个合适的人继承帝位。于是他征求群臣的意见，没想到众位大臣异口同声地向他推荐一个乡下人——舜，因为舜是一个著名的孝子。从这里可以看出，我们的祖先把孝行放在德行的首位，一个孝顺父母的人，必定会爱护天下的百姓。

---

① 姜海龙. 家国天下：修齐治平里的人文情怀[M]. 北京：外语教学与研究出版社，2022.

舜即位之后国号为"虞"，历史上称他为"虞舜"。

虞舜，本姓姚，名重华。父亲叫"瞽叟"，是一个不明事理的人，很顽固，对舜相当不好。舜的母亲叫"握登"，非常贤良，但不幸在舜小的时候就过世了。于是父亲再娶。后母是一个没有妇德之人。生了弟弟"象"以后，父亲偏爱后母和弟弟，三个人经常联合起来欺负舜。

舜对父母非常孝顺。即使在父亲、后母和弟弟都将他视为眼中钉，欲除之而后快的情形下，他仍然能恭敬地孝顺父母、友爱兄弟。

他希望竭尽全力来使家庭温馨和睦，与他们共享天伦之乐。虽然其中经历了种种艰辛曲折，但他终其一生都在为这个目标不懈努力。

小时候，他受到父母的责难，心中所想的第一个念头是："一定是我哪里做得不好，才会让他们生气！"于是他便更加细心地检省自己的言行，想办法让父母欢喜。如果受到弟弟无理刁难，他不仅不因此恼怒，反而认为是自己没有作出好榜样，才让弟弟的德行有所缺失。他经常深切地自责，有时甚至跑到田间号啕大哭，自问为什么不能做到尽善尽美，得到父母的欢喜。人们看到他小小年纪就能如此懂事孝顺，没有不深为感动的。

舜一片真诚的孝心，不仅感动邻里，甚至感动了天地万物。他曾在历山这个地方耕种，与山石草木、鸟兽虫鱼相处得非常和谐，动物们都纷纷过来给他帮忙。温驯善良的大象，来到田间帮他耕田；娇小敏捷的鸟儿，成群结队，叽叽喳喳地帮他除草。人们为之惊讶、感佩，目睹德行的力量是如此巨大。即便如此，舜仍是那样恭顺和谦卑，他的孝行得到了很多人的赞美和传颂。不久，全国各地都知道了舜是一位大孝子。

那时候尧帝正为传位的事情操心，听到四方大臣的举荐，知道舜淳朴宽厚、谦虚谨慎。但唯有德才兼备的人才能治理天下，尧帝便把两个女儿——娥皇和女英嫁给他，并让9个儿子来辅佐他。希望由两个女儿来观察、考验他对内的行持，由9个儿子来考验他对外立身处世的能力。

娥皇和女英明理贤惠，侍奉公婆至孝，操持家务农事也井然有序，不仅是舜的得力助手，也成全了舜始终不渝的孝心。有一次，瞽叟让舜上房修补屋顶。舜上去之后，想不到瞽叟就在下面放火。大火熊熊往上燃烧，就在万分危险之时，只见舜两手各撑着一个大的竹笠，像大鹏鸟一样从房上从容不迫地跳下来，原来聪慧的娥皇和女英早已为他做好了相应的准备。

又有一次，舜的父母又用其他方法来谋害他，想把他灌醉后杀害。可是他的两个妻子事前就给他先服药，让舜即使终日饮酒也不能伤害到自己的身体。

还有一次，瞽叟命舜凿井。舜凿到井的深处，瞽叟和象想把舜埋在井里，就从上面往井里拼命倒土，以为这样舜就永远回不来了。没想到舜在二位夫人的安排下，早已在井的半腰凿了一个通道，从容地又躲过一劫。当象得意地以为舜的财产都归他所有时，猛然见到舜走了进来，大吃一惊，慌忙掩饰，但舜并未露出愤怒的脸色，仍旧若无其事。此后侍奉父母、对待弟弟反而越加谨慎了。

舜初到历山耕种的时候，当地的农夫经常为了田地互相争夺。舜便率先礼让他人、尊老爱幼，用自己的德行来感化众人。果然，一年之后，这些农夫都大受感动，再也不互相争田争地了。

他曾到雷泽这个地方打鱼。在这儿，年轻力壮的人经常占据较好的位置，孤寡老弱的人就没办法打到鱼。舜看到这种情形，率先以身作则，把水深鱼多的地方让给老人家，自己则到浅滩去打鱼。由于一片真诚，没有丝毫勉强，令众人大为惭愧和感动，所以短短的一年内，大家都互相礼让于老人。

舜还曾经到过一个叫陶河的地方，此地土壤质量不佳，出产的陶器粗劣。令人惊讶的是，舜在此地治理一年后，连陶土的质量都变好了，所做出来的器皿相当优良。大家一致认为这是舜的德行所感召的结果。后来，只要他所居之处，来者甚众，一年即成村落，二年成为县邑，三年就成为大城市。亦即史上所称的"一年成聚，二年成邑，三年成都"。

尧帝得知舜的德行后更加赞赏，于是进一步考验他的种种能力，舜也毫不畏惧，接受了诸多艰难的考验。一次，尧帝让舜进入山林川泽，考验他的应变能力。虽遇暴风雷雨，然而舜凭着智慧与毅力，安然无恙地回归，他的勇敢镇定，使尧帝坚信舜的德行与能力足以治理天下。

舜历经种种考验之后，尧帝还是并未马上将王位传给他，而是让他处理政事20年，代理摄政8年，28年之后才正式把王位传给舜。足见古代的帝王对于王位的继承，确实是用心良苦，丝毫不敢大意。假如不能以仁治世、以德治国，国家就难以长治久安。

当舜继承王位时，并不感到特别的欢喜，反而伤感地说："即使我做到今天，父母依然不喜欢我，我作为天子、帝王又有什么用？"他的这一片至德的孝行，沥血丹心，莫不令闻者感同身受，潸然泪下！皇天不负苦心人，舜的孝心孝行终于感化了他的父母和弟弟。

《孟子》云："舜何人也？予何人也？有为者，亦若是！"舜能做到，我们也能。

二、关龙逄冒死极谏的大无畏精神

夏朝末代国君叫癸，因为他暴虐无道，所以把他称之为"夏桀"。他凭着自己的权力作威作福，为非作歹，丧尽了天良，对上天不敬，说出种种的妄言妄语来诬蔑；对老百姓特别狠毒，对忠臣劝谏不听，倘若有人劝阻，必定处死，真是为所欲为，专横跋扈。

有一天，大臣关龙逄就直接给夏桀讲以前的帝王是怎样治理天下的。关龙逄劝谏说，古时的君主，非常懂得爱民，懂得节俭，对国家的财产绝对不敢随便浪费，因此能保国家之长久，而且帝王的寿命也是很长的。例如，尧帝活到116岁，在位98年，他的仁德可比上天，他的智慧可比神灵，接近他就能感到像太阳般的温暖，仰望他就好像是高洁的白云。他富有而不骄奢，尊贵而不放纵。有一天，尧帝下乡去巡视，刚好看到两个人犯罪正被押送。尧帝马上就跑过去问："你们两个犯了什么错？为什么犯错？"这两个人就说："因为上天久旱不雨，我们已经没有东西吃了，家里的父母也都没东西吃，所以我们只好去偷人家的东西。"尧帝一听完，马上就跟士兵说："你们把他们两个放了，把我关起来。"士兵一听都愣住了，怎么可以把君王关起来呢？尧帝就说："我犯了两大过失，他们并没有罪。一是我没有把子民教好，所以他们会偷人家的东西；二是我没有德行，所以上天久旱不雨，这两件事都是我的过失。"尧帝内心发出至诚的反省，马上感动天地，当场雨就下起来了。尧帝将帝位传给了舜王，舜王也非常长寿，61岁接替尧，登上帝位39年，也活到100多岁。帝王的寿命长，就会国泰民安。尧帝过世时，天下百姓三年守丧，四方音乐不举，百姓没有饮酒作乐的。关龙逢接着又说，你今天用财太浪费，杀人不眨眼，人心已经散乱，这样下去，国家很容易灭亡，希望你能好好地改一改。

但是夏桀不肯听，还非常生气，关龙逢劝谏后仍然站在朝堂上不动，夏桀大怒："为什么要听你的话呢？"关龙逢劝谏无效，反被暴君夏桀斩首。

夏桀把天下所有的男人抓来当劳力，凿山穿道，花费很多时间和人力，他筑了九巢，大的可以放船，无度奢侈，无论谁劝谏他都被他杀害，关龙逢是最后一个劝谏希望他能回头的人，但事与愿违，没有挽救夏桀，结果第二年夏桀被商军活捉，流放到南巢亭山后忧愤而死。从此以后，中国历史进入了商朝的统治时期。

三、比干尽忠死争，杀身成仁

殷商灭了夏桀之后，商的开国之君为汤王。汤是一个贤明的国君，以"仁道"治理天下，他曾说："万方有罪，罪在朕躬。"所以，商朝开始非常兴盛，历经29个国君，立国500多年，最后毁于纣王。

据《史记》记载，帝纣天资聪颖、反应灵敏、能说会道、臂力过人，能徒手跟猛兽搏斗。他的智慧足以拒绝他人的劝谏，口才足以粉饰自己的过错。在大臣面前炫耀才能，在整个天下吹嘘名声。

纣王的叔父叫比干，在纣王身边做少师官，看见纣王这样的荒淫游侠，叹着气说："国君暴虐得这个样子不去劝谏，那就是不忠了；为了怕死不敢说话，那就是不勇敢了。国君有过失就应该去劝谏，做臣子的不用死去力争，那么就对不起天下的百姓。"于是比干就到纣王那去强谏。纣王生气地说："听说圣人的心上有七个窍。"就剖开比干的胸膛，挖出心脏来观看。贤臣箕子大为恐惧，于是假装疯癫去做奴隶，纣又把他囚禁起来。太师、少师便携带着祭器、乐器逃奔周国。周武王于是率领诸侯讨伐纣王。纣王兵败，逃回城里，登上鹿台，穿上他那饰有珍珠宝玉的衣服，跳到火中自焚而死。周武王于是斩下纣王的头颅，悬挂在大白旗杆上，又杀死妲己，把箕子从监狱里释放出来，给比干建了坟墓，为后人做榜样。周武王把首都迁到镐京，建立了周朝。

比干因为劝谏而死，因此孔子就把微子、箕子、比干同称为"三仁"。为什么把这三个人称为殷朝的"三仁"呢？因为微子看到纣王无道，就第一个来劝谏，劝谏无效就隐身而退，逃出殷朝这个国家不再回来。孔子说他是人、身、名并全成名。箕子也劝谏纣王，纣王把他关了起来，箕子为了保存自己的生命，假装疯癫，受尽了屈辱，受尽了折磨，最后能保得自己的生命。孔子说他是人、身成名。比干所选择的是强谏，非常激烈，最后是剖心而死。孔子说他是杀身成名。孔子称他们为仁人志士，因为他们的心中只想解救天下百姓。尽管结果不同，但忠诚是一样的。

第二节　先秦儒家的家国情怀与秦汉之际的爱国传奇

一、孔子倡导的君子文化与智仁勇的身体力行

家国情怀其实就是古人提倡的"修身齐家治国平天下"的情怀，反

映出古代知识分子将个人的修养、家庭的幸福与家国的命运紧紧相连。而凡是这样发自内心、自觉实践的人，古人称其为"君子"。

从源头上讲，注重家国情怀的中国传统文化孕育、孵化和生成了中国的君子文化，并使君子人格成为人们追求和向往的理想人格。君子人格有三个重要支点，它们一直都存在。

第一，个人道德和知识修养，这是道义和榜样所赋予君子文化的重要力量，君子当为世之楷模，要有仁、有知、有勇，要为世人立德、立言、立功。第二，个人修为基础之上对家国天下的关怀，这是一种社会功利价值。第三，是形而上的层面，君子要"畏天命"，不违反自然和社会规律。从历史演进上看，家国情怀一直与君子人格相生相伴，成为中国传统社会毫无疑义的道德制高点。家国、君子一直都与王权统治、社会治理有关。"君子"到底有什么含义呢？我们从两个方面来看。

首先，从词源上看，"君"字从"尹"从"口"，"尹"的意思是"治"，而"口"则因治者需要用"口"发布命令，因而具有强烈的政治含义。但是，古代所谓的"君子之治"却又并非强权政治，因"君子"除地位尊贵外，尚应成为社会秩序和修养的榜样，应为天下之表率，为君子者应以政治为媒介将其美德播于四海以"化成天下"。因此，君子是理想的政治状态和个人理想的修养状态或者说是理想人格的结合。但是，就更大的哲学系统而言，君子人格所代表的境界却又远远超过个人与政治的局限。依据中国传统的哲学构架，天、地、人属于同一体系，因而又具有形而上的内涵，君子必尊天道而行也必成为天道、地道的具体体现。这种天地人和的君子观念源远流长，至今对于中国文化品格的塑造仍然起到重要作用，并且也引起海外汉学家的重视。

其次，从文献上看，《周易》是第一部较为明确将"君子"作为重要概念进行论述的著作。《周易》谓君子应"自强不息""厚德载物"，即"天行健，君子以自强不息"和"地势坤，君子以厚德载物"，后世所论也大抵不出其框架。《周易》论"君子"之德处甚多，如"君子终日乾乾，夕惕若厉，无咎""君子学以聚之，问以辩之，宽以居之，仁以行之""君子敬以直内，义以方外，敬义立而德不孤"等，都是为君子"自强不息"和"厚德载物"所规定的修养境界。当然，此处"君子"可能是一个严格的政治概念，指的是出身高贵者或身居高位者，但是，并非所有出身高贵者或居高位者都能达到对理想君子人格的要求，因此，《周易》是要求他们培养自己的德行，使其符合君子规范。如果君子无德无行，又如何能够治理邦国呢？可见，在君子人格的起始阶段，就已经把个人与国家看成家国的一体，把政治和个人修养及天道、地道紧密联系在一起了。

孔子对家国情怀和君子人格的发展起到了十分关键的作用，这不仅是说他对于家国和君子有大量的论述，还在于他将"君子"从原来的社会地位属性直接转移到个人修养属性，把家联系到国，也就是说，个人可以通过培养德行而取得高位，君子不再是靠血统和权力而定，而要靠道德和才能而定——这种伟大的"颠倒"，对中国后世的哲学和政治结构都产生了重要影响。因此，君子不可仅仅是独善其身，也必须有政治责任，要有济世的决心和理想。

《论语》所记载的孔子本人及其弟子对恶政的抨击和对仁政的呼唤并身体力行，正好体现了这种既心忧天下又脚踏实地注重自我修养的浓浓的家国情怀。

二、孟母三迁的故事与"亚圣"孟子的民本思想

孟子的母亲是一位古今知名的伟大母亲。《三字经》中"昔孟母，择邻处。子不学，断机杼"两句话脍炙人口。

孟母仉氏，战国魏公子仉启的女儿。据史料记载，孟母在生下儿子孟轲后仅仅三年，丈夫孟激去世。为了给孟子提供一个良好的成长环境，孟母带着孩子离开坟地、闹市，搬到对孩子培养有利的学堂旁。她用一种孩子想象不到的断机举动，来震动孩子的心灵，向他讲述学习不

能中断的道理。孟子长大后，孟母更是教育他要不断检点自己，同时要接受批评，知错必改。为了让孟子弘扬学说，孟母不顾自己年迈，鼓励他出去行道。孟母含辛茹苦地教育孟子，受到人们的尊敬，她的教育思想堪称中国历代伟大母亲的典范。

自古以来，孟母教子的故事家喻户晓，传为美谈。她是个普通母亲，秉承中华民族的优良传统。同中国所有母亲一样，孟母也希望儿子可以成才，但她更希望孩子可以成为国家的栋梁。她这种无怨无悔、无私无畏的母爱情怀，不仅体现了中华女性的崇高品格，也体现着伟大的中华母亲精神和中国教育精神，这就是家国情怀。

孔子逝后，儒分八派。孟子与孔子相隔百年守望，把"仁"的学说发扬光大。他主张仁政，提出"民贵君轻"，构筑传统政德思想大厦的框架。以至于后世谈儒，必谈孔孟。

孔子提出了"仁"的学说，孟子则把"仁"的学说由个人品德修养提升到"仁政"的高度。

仁政思想是孟子的核心思想。仁政是仁心在政治上的表现，是针对君王提出的。孟子勾画了一幅完整的仁政蓝图。孟子的仁政思想可以从仁心、仁民、仁政等层面解读。

一是仁心。孟子说"人皆有不忍人之心"，每个人都有不忍别人受苦受难的心。"不忍人之心"就是恻隐之心，是同情心，也就是孟子所说的"仁心"。孟子主张法先王，行仁政。"先王有不忍人之心，斯有不忍人之政。"有仁心才能有仁政。如果把孟子思想比作一座大厦，那么"性善论"就是这座大厦的根基。

二是仁民。孟子认为官员仅有仁心是不够的，还必须做到以仁心对待百姓，也就是坚持"仁民"。孟子说："亲亲而仁民，仁民而爱物。"官员如何才能做到"仁民"？关键在于要用这种"仁"去对待人民、重视人民。

《尚书》中有言"民惟邦本，本固邦宁"。孟子继承先贤圣训，明确提出了"民贵君轻"的观点。从天下国家的立场来看，民是基础、是根本，民比君更加重要。

一方面，"富民"是"仁政"的基础，孟子提出了"制民恒产""省刑罚""薄税敛"等施政方略，目的就在于增加百姓的财富。其中的重点就是"制民恒产"。孟子主张百姓应当有"恒产"，"无恒产者无恒心"，老百姓没有土地、房产等固定产业，他就没有稳定的心志，就会放荡胡来，社会也就不会稳定。

另一方面，孟子还提出了"民事不可缓也""不违农时""得道多助，失道寡助""善政得民财，善教得民心"等一系列仁政思想，成为民本思想史上的重要亮点。

孟母教子的故事妇孺皆知，堪称言传身教启蒙教育的典范。另有一典故，更显孟母深明大义。孟子中年时期，居于齐国讲学，有一天，孟子回到家中倚柱叹息。虽然孟子在齐国身居客卿之位，齐宣王对他也礼遇有加，但其主张并不为国君所用。孟子有心离开齐国到别的国家去一展政治抱负，可是母亲年事已高，已禁不住旅途的奔波劳累，孟子进退两难，内心充满了矛盾。

孟母得知了孟子的隐忧，对孟子说："子行乎子义，吾行乎吾礼。"你周游列国是你应坚守的"义"，我随你远游是我应遵循的"礼"，打消了孟子的顾虑。于是，孟子带着母亲继续踏上了周游列国的征途。

一个人经过长期由仁到义的道德修为，才能达到"居仁由义"的人生定位。孟子把这种境界表述为，住在天下最大的房子里（仁），立于天下最正的位置（礼），依循天下最宽的道路（义）。"居仁由义，大人之事备矣。"如果能从仁到义，把所有的仁心和道德落实到现实生活中，内化于心，外化于行，那么，对于一个有担当的君子来说，也就具备了治理好天下的能力了。这正是孟子家国情怀的体现。

三、长太息以掩涕兮，哀民生之多艰的屈原

数千年来，在这片土地上，无数仁人志士为国为民魂牵梦萦，写下了大量的爱国诗文，无不饱含着中华儿女对祖国最深厚的感情。

屈原，深受奸人的排挤却还"长太息以掩涕兮，哀民生之多艰"；他被君王所疑，仍旧怀着一颗昭昭的爱国心向着楚地怀王；在心理和身体的多重打击之下，他仍旧以"吾不能变心以从俗兮，故将愁苦而终穷"以言明自己的意志，仍旧以"路曼曼其修远兮，吾将上下而求索"表达自己不在奸佞和困顿面前低头，勇敢坚定地为追逐远大理想而继续前行的决心。

屈原已故，却是永生，光辉的永生。因为他身后的仁人志士无不受其人其志的影响和感召……

战国时代，楚国自从被秦国打败以后，一直受秦国欺负，楚怀王又想重新和齐国联合。秦昭襄王即位以后，很客气地给楚怀王写信，请他到武关（在陕西省丹凤县东南）相会，当面订立盟约。楚怀王接到秦昭襄王的信，不去则怕得罪秦国，去又怕出危险。他就跟大臣们商量。大夫屈原对楚怀王说："秦国强暴得像豺狼一样，咱们受秦国的欺负不止一次了。大王一去，准入他们的圈套。"可是怀王的儿子公子子兰却一股劲儿劝楚怀王去，说："咱们为了把秦国当作敌人，结果死了好多人，又丢了土地。如今秦国愿意跟咱们和好，怎么能推辞人家呢？"楚怀王听信了公子子兰的话，就上秦国去了。

果然不出屈原所料，楚怀王刚踏进秦国的武关，立刻被秦国预先埋伏下的人马截断了后路。在会见时，秦昭襄王逼迫楚怀王把黔中的土地割让给秦国，楚怀王没答应。秦昭襄王就把楚怀王押到咸阳软禁起来，要楚国大臣拿土地来赎才放他。楚国的大臣们听到国君被押，把太子立为新的国君，拒绝割让土地。这个国君就是楚顷襄王。公子子兰当了楚国的令尹。

　　楚怀王在秦国被押了一年多，吃尽苦头。他冒险逃出咸阳，又被秦国派兵追捕了回去。他连气带病，没有多久就死在秦国。楚国人因为楚怀王受秦国欺负，死在外头，心里很不平。特别是大夫屈原更是气愤。他劝楚顷襄王搜罗人才、远离小人，鼓励将士、操练兵马，为国家和怀王报仇雪耻。可是他这种劝告不但不顶事，反倒招来了令尹子兰和靳尚等人的仇视。他们天天在顷襄王面前说屈原的坏话。他们对楚顷襄王说："大王没听说屈原数落您吗？他老跟人家说：'大王忘了秦国的仇恨，就是不孝；大臣们不主张抗秦，就是不忠。楚国出了这种不忠不孝的君臣，哪儿能不亡国呢？'大王，您想想这叫什么话！"楚顷襄王听了大怒，把屈原革了职，放逐到湘南去。

　　屈原抱着救国救民的志向、富国强民的打算，反倒被奸臣排挤出去，简直气疯了。他到了湘南以后，经常在汨罗江一带一边走一边唱着伤心的诗歌。附近的庄稼人知道他是一个爱国的大臣，都挺同情他。这时候，有一个经常在汨罗江上打鱼的渔父，很佩服屈原的为人，但就是不赞成他那愁闷的样子。有一天，屈原在江边遇见渔父。渔父对屈原说："您不是楚国的大夫吗？怎么会弄到这等地步呢？"屈原说："许多人都是肮脏的，只有我是个干净人；很多人都喝醉了，只有我还醒着。所以我被赶到这儿来了。"渔父不以为然地说："既然您觉得别人都是肮脏的，就不该自命清高；既然别人喝醉了，那么您何必独自清醒呢！"屈原反对说："我听人说过，刚洗头的人总要把帽子掸掸，刚洗澡的人总是喜欢掸掸衣上的灰尘。我宁愿跳进江心，埋到鱼肚子里去，也不能拿自己干净的身子跳到污泥里，去染得一身脏。"

　　由于屈原不愿意随波逐流地活着，到了公元前278年五月初五那天，他终于抱着一块大石头，跳到汨罗江里自杀了。屈原死后，留下了一些优秀的诗歌，其中最有名的是《离骚》。他在诗歌里，痛斥卖国的小人，表达忧国忧民的心情，对楚国的一草一木都寄托了无限的深情。

第三节 魏晋南北朝隋唐乱世中的家国守望者

一、嵇绍不孤，血溅御衣

晋朝的嵇绍，字延祖，谥号忠穆，是嵇康的儿子。嵇康是晋朝名士，著名的"竹林七贤"之一，他所写的《养生篇》等佳作流传于后世，影响深远。嵇康才华横溢，以丝竹音乐闻名于世，著名的《广陵散》是他的代表作。当时他和六位朋友经常聚集在竹林吟诗、畅谈，非常悠闲。他们都是四方的贤达之人，对时局有清醒的认知，对人生有着不同流俗的志节与追求，被后人尊称为"竹林七贤"。

嵇康在很年轻的时候，由于遭受陷害，被司马昭杀害。他在临刑前十分从容，将年幼的儿子嵇绍托付给了好友山涛，希望他能够用心培养这个孩子。"有山涛在，你就不会孤苦无依，就好像父亲还在你的身边一样。"这是嵇康临别前留给儿子的话，当时的嵇绍才10岁。嵇康临刑的时候，抚着手中的琴，沉痛而又感慨地说："《广陵散》在世间就要从此绝响了。"在场的人都感到十分悲恸。

嵇康被杀害之后，"竹林七贤"中的山涛和王戎，对嵇绍一直特别照顾。他们尽到了朋友应尽的道义与责任，使得这个孤弱的孩子，即使失去了父亲，却还拥有他们慈父般的关怀与教导，不再那么无依无靠，这就是成语"嵇绍不孤"的由来。朋友之间感人至深的信义与友情，也成了千古传扬的佳话。

嵇绍非常孝顺，他在父亲去世之后，小小的年纪就担负起持家的重任，他细致体贴地关心照顾自己的母亲，用数倍于常人的孝行抚平母亲内心至深的悲伤和痛苦。嵇绍自幼饱读诗书，而且跟父亲一样富有音乐家的禀赋。父亲嵇康通晓五经，擅长书画，深具非凡的艺术气质，这些特质也都能够在嵇绍的身上见到。嵇康的从容就义，在嵇绍幼小的心灵当中留下了永生难忘的记忆。秉承父亲的风范，嵇绍最后为了保卫国家而牺牲了自己的生命。

当时，河间王与成都王起兵叛变，京城告急，晋惠帝与成都王交战于荡阴一带。不料晋军打了败仗，眼见兵败如山倒，随驾惠帝的官员仓皇逃遁，各自保命，卫兵跑的跑逃的逃，连个影子都找不到。兵荒马乱之际，举目茫茫。在最为紧要的关头，只留下了侍中嵇绍一人，独自护在皇上的身边，保护着他的安全。这时，无数的飞箭从四面八方射了过来，嵇绍护在惠帝的身上，用身体挡住了雨一般的流箭，一时间，鲜红的血液喷洒在惠帝的御衣上，留下了一片片殷红的血迹，嵇绍倒在了血泊中。他用最为壮烈的牺牲，呈现着对父亲精神的延续，从容而又忠烈！

动乱平定之后，左右侍从看到皇上的衣服沾满了血迹，就准备拿去洗，却被惠帝拒绝了。他无限感伤地说："这是嵇侍中的血，不要洗掉……"语不成声，至为悲切。战场上的那一幕还恍若昨日，而节烈的忠臣，却永远不会再回来了。惠帝要永远保存这件血衣，作为对嵇绍永志不忘的追思。

自古，求忠臣必于孝子之门，嵇绍不惜生命，坦然就义，独自保驾护卫，如此忠烈的壮举，其深厚的根源正是源于内心至诚的孝顺之心，所谓"移孝作忠"，这正是最为真实的写照。

南宋的文天祥，曾经在《正气歌》中赞美了"嵇侍中血"。多少年之后，就如同嵇康给儿子伴随一生的影响那样，嵇绍忠烈的精神也曾深深激励过同是国之才俊柱石的文天祥，激励着他在国家危难的时候挺身而出，壮怀激烈，保家卫国，留下了"人生自古谁无死，留取丹心照汗青"的千古绝唱。

二、大唐柱石——颜真卿

我们从小书法教育所练的颜体字，就是唐代书法家颜真卿的手迹。颜真卿，字清臣，谥号文忠，是唐玄宗时代的一位忠臣，他是北齐文学家、教育家颜之推第五代子孙。颜之推为教育子女所写的《颜氏家训》，成为后人教育子女、立身处世的著名箴规。

由于父亲很早就过世了，颜真卿照顾母亲格外孝顺。他非常喜欢读书，从小的志节与追求就不同凡俗，可谓深明大义、志节凛然，是一位非常爱国的忠贞之士，被封为鲁郡开国公，史称"颜鲁公"。他的楷书遒劲有力、圆润厚重，表现了大义凛然的志节，更表现着大唐独有的风骨和气韵。

当时正值开元盛世的末年，唐玄宗晚年宠爱杨贵妃，疏忽了国政。他听信胡人安禄山的谗言，把很大的兵权都交给了他，后来造成安禄山在边疆的势力日益壮大，并有了谋反的意图。

颜真卿在平原郡（今山东德州）当太守的时候，看出了安禄山有叛变的迹象，所以在暗地里就招兵买马、修筑城墙、囤积粮食，以防止突然的变故。不出所料，早就蠢蠢欲动的安禄山开始起兵谋反，一把火烧遍了中原，河北各郡相继沦陷。而只有城墙坚固的平原城，在颜真卿率兵顽强抵抗之下，守护得非常成功，河朔各郡都把平原郡看成像长城那样重要。

当兵书传到河北的时候，除了颜真卿兄弟等人之外，居然没有人起兵抵抗叛贼，唐玄宗感到十分痛心，他叹息道："河北二十四个郡，难道连一个忠臣都没有吗？"等到得知颜真卿的义行之后，玄宗非常感慨，后悔当时因为一时失察，听信了杨国忠的谗言，而将他贬官到平原。玄宗说："朕没有眼力看清颜真卿是怎样的人，想不到他是这样一位忠心耿耿的义士！"

安禄山之乱，唐朝一个泱泱大国却无力抵抗，玄宗不得已之下逃离了京城。"多行不义必自毙"，安禄山最后虽然攻进京城，圆了他称王的梦，可是不久还是惨死在他的儿子手中。

后来，节度使李希烈造反，颜真卿由于得罪了权臣，而被派去执行一项非常危险的任务——劝李希烈投降，希望能感化他早日回头，避免军事冲突。当时颜真卿已经70多岁了，他毅然接受了这一任命，朝廷中所有的人都大惊失色，替他担心不已。

到了叛军那里，颜真卿正准备宣读诏书，就遭受李希烈手下之人的谩骂与恐吓。颜真卿气宇轩昂，毫无惧色，那镇定而又勇敢的气度，反而让李希烈对他敬畏不已。后来有人劝李希烈说："颜真卿是唐朝德高望重的太师，相公您想要自立为王，而太师他自己就来了，这难道不是天意吗？宰相的人选，除了颜真卿，还有谁会比他更合适？"

颜真卿听到这番话之后，威怒不已，大声呵斥他们不知廉耻，他说："你知道我的兄长颜杲卿吗？难道你们不晓得，我们颜家都是如此忠烈吗？颜家的子弟只知道要守节，就是牺牲生命也决不变节，我怎么可能接受你们的利诱！"

原来，当年安禄山带兵横扫中原，气焰十分嚣张。颜家兄弟号召天下的志士仁人一起出兵讨伐。颜杲卿率领义兵奋勇抵抗，在常山郡（今河北省正定县）进行了悲壮的最后一战，最终还是寡不敌众，被叛军将领史思明俘虏了。暴跳如雷的安禄山厚颜无耻地质问颜杲卿说："当年就是因为我的提拔，你才当上了常山太守，而今你凭什么背叛我？"

颜杲卿生性刚直，正气浩然，他义正词严地说："我们颜家是大唐的臣子，世世代代都忠于国家。难道受过你的提拔，就要跟你一样忘恩负义、背叛君国吗？而今你受尽国家的恩宠，皇上哪一点对不起你？你凭什么要背叛朝廷？凭什么要拥军自立、起兵叛乱？天底下最没有天良的事，都被你这种人干尽了。真是一只不知羞耻的'营州牧羊奴'！"

安禄山被气得上蹿下跳，却又无言以对。他恼羞成怒，暴跳如雷，于是派人把颜杲卿绑起来，将其舌割掉，又用刀将他的身体一节一节地割掉，最后颜杲卿壮烈成仁。

李希烈听了颜真卿的表白之后，内心非常惭愧，就向颜真卿谢罪，手下的这些叛贼看到这番情景，都低下头来，谁也不敢再说话了。后来李希烈以死相威胁，而颜真卿不为所动，他事先写好了遗书，做了必死的准备。最后叛贼残忍地杀害了他。在生命的最后一刻，颜真卿仍在大骂他们是"逆贼"，当时他已经77岁了。

噩耗传到朝廷，德宗悔恨交加，非常伤心，5天都没有办法上朝。所有的将士都痛哭流涕，深切悼念这位壮烈成仁的大唐柱石与忠臣——颜真卿。

第四节　宋元明清爱国英雄传奇

一、撼山易，撼岳家军难——岳飞精忠报国

宋朝名将岳飞，最擅长以少胜多的战术。岳飞很小的时候就有很大的力气，他拉的弓有300斤，并且左右手都能开弓，人们都称他为神力。他在出生当天，天空有许多大鸟在他家的屋顶上，因此父亲给他起名岳飞，字鹏举。

在他未满月时，黄河决堤，母亲抱着他坐着家里的瓮顺流而下，得以平安活下来。他在10余岁时就读《左氏春秋传》，对于忠君报国的事情了如指掌。在十几岁时就跟名师周侗学习武艺，功夫了得。后来老师不幸去世了，每逢初一、十五他都要在家祭祀老师。他的父母亲又谆谆告诫他，一定要凭借这些武艺好好地报效国家。

岳飞出生的时候，金国入侵中原，他把国仇家恨铭记在心，一心要报效国家。因为他精通武艺，又懂得兵法，作战时比别人精明，每每以少胜多。在朱仙镇战役中，岳飞以500人的军队就破了金兀术率领的10万金军，可见岳飞非常善战，是一个文武双全之人。但每次朝廷下来褒奖，他总是说："这些都是将士们浴血奋战的结果，我自己哪里有什么功绩！"所以手下的人非常效忠岳飞，在战场上英勇奋战，杀得金兵闻风丧胆，岳家军立下了赫赫战功。

岳飞曾率军一直打到距离原北宋首都汴京（今河南省开封市）附近的朱仙镇，很快就要收复汴京，然而，以奸臣秦桧为首的投降派掌握了朝中的大权，秦桧平时在朝廷里跟岳飞有摩擦，处处跟岳飞过不去，想尽办法陷害他。秦桧与兀术私通说服宋高宗，一天之内，朝廷连发十二道金牌，让岳飞从前线回到杭州。他又设计把岳飞父子打入大牢，让大臣何铸来审判。何铸是一位忠臣，他举证了一些资料证明岳飞是清白的。岳飞被审问时，把自己的衣服撕开给何铸看，在他入伍前，母亲在他后背刺上"尽忠报国"四个字。何铸看到很惊讶，他也知道岳飞的忠心，就跟秦桧讲了这件事情，秦桧当时无话可说。可秦桧一心一意要害死岳飞，他看到何铸跟自己不是一路人，就改用万俟卨继续审判岳飞的罪，最后实在找不到罪名，就用"莫须有"这三个字来定罪，一代名将就这样被害死了。

岳飞昭雪平反后，宋孝宗追封谥号"武穆"。岳飞虽然被秦桧陷害，但他的精神永远活在后人的心中，成为名扬千古的抗金英雄。

二、郑成功收复台湾

郑成功，1624年出生，青年时代就暗暗下决心要收复台湾。1646年，他阻父降清不成，起兵抗清，移师南澳宣布起兵收复台湾。

1661年阴历三月，郑成功率领25000名士兵，乘大小战船数百艘，从福建金门岛出发，途经澎湖停留，展开了收复台湾的伟大壮举。

他在给荷兰总督的招降书中指出：台湾是我们中国的土地，但长期以来被你们国家所霸占，今天我们要把它收回来，你们理所应当把土地归还我们。

收复台湾的行动是正义的，受到海峡两岸人民的支持。可以说，当郑成功率领大军在台湾登陆以后，就注意做争取和团结高山族同胞的工作。他曾在繁忙的军务之余，抽空访问了住在现在台南附近的几个高山族部落，把烟草、布匹、衣服、鞋帽分赠给高山族部落首领。

有这样一个传说：有一天，郑成功带领几名将领和一队亲兵访问一个高山族部落时，从欢迎的人群中走出4名高山族同胞，他们各自端着一盘金子、银子、野草和泥土，献给郑成功。原来当荷兰殖民者听到郑成功要收复台湾的消息后，就指使他们的传教士钻到高山族部落里，说郑成功的军队到处"杀人放火"，这次到台湾来也是为了掠夺金银财宝的。所以，这个部落首领听说郑成功要来时，就想出了献金、银、草、土的办法来试探郑成功。

郑成功看了看面前的4个盘子，心里明白了几分。于是，笑呵呵地让翻译告诉高山族同胞说："我郑成功率领大军到台湾来，是为了驱逐红毛夷（荷兰人），收复我们的国土，不是为了要金子、要银子的。"说完，他叫亲兵把两个盛有野草和泥土的盘子收下，把盛有金子、银子的两个盘子退给了部落首领。

没过几天，郑成功不要金银的消息很快传遍了全岛，许多高山族村社纷纷派出自己的首领拜望郑成功，表示愿意接受他的领导，和收复大军一起驱逐荷兰侵略者。当郑成功的先头部队在台南市的鹿耳门一登陆，当地成千上万的台湾百姓都高兴地跑出来欢迎他们。

郑成功的部队在台湾西部沿海与荷兰军队展开了多场激战，最后将荷兰军队的据点热兰遮城包围起来，并在海上连续打跑了荷兰国内派来的援军。荷兰殖民者实在支持不住了，只得投降，撤出了台湾，使被占领了38年之久的台湾终于回到祖国的怀抱。

郑成功收复台湾后，将赤崁城改为承天府，下管二县，北部为天兴县，南部为万年县，称台湾为"东都"。他废除荷兰殖民者的制度，进行各种改革，发展贸易，兴办学校，同时号召人民移居台湾开荒种地，使台湾的经济、文化迅速发展，在台湾开发史上写下了重要的一章。但由于多年来连续征战，加上收复台湾后，工作特别忙，郑成功终于积劳成疾，收复台湾后就病逝了，那年他只有39岁。

郑成功虽然在攻下台湾的同一年逝世，但继位的郑经与郑克塽持续管理台湾21年，并在陈永华的规划之下，建立宫室、庙宇和各种典章制度，奠定了以汉民族文化为主的社会，因此有学者形容此役"决定台湾尔后四百年命运"。

第五节　国外爱国主义英雄传奇

一、圣女贞德的故事

百年战争后期，幼小的亨利六世无法亲理国政，英国国内各派政治势力再度展开权力斗争。法国原王储查理乘机在法国南部封建主的支持下自立为王，称查理七世。争夺王位的战火再度燃起。挟亨利五世的余威，英军很快又取得了优势。此时，一个拯救法国的英雄出现了，她就是被法国人民千古传颂的奥尔良姑娘——圣女贞德。

贞德是一个平平常常的农家少女，整天牧羊，连最简单的字母都不认识，但是，国家的危急和各地人民保卫祖国的消息使这个偏远农村的小姑娘异常激动，她觉得自己有责任拯救多难的祖国。

1429年初，贞德17岁时，英军围困了巴黎南面的奥尔良城。这是法国南北交通的战略重镇，一旦失守，南方就可能全部失陷。消息传来，贞德感到这正是自己为祖国献身的时刻。她一再请求父母和叔叔带她去见当地的法军队长。叔叔为她的热诚所感动，带她到了军官面前。"你这个小姑娘，连怎样戴头盔都不知道，怎么能上战场呢？"军官问她。"我有决心和勇气，我能学会战斗。"贞德以坚定的口气回答。"你一个人怎么和英国军队作战呢？""我有祖国和人民，还有国王。我要先解救奥尔良城，然后让国王正式加冕。"贞德的话使军官大吃一惊。他派7名士兵陪她去见国王。国王查理七世被贞德坚不可摧的意志感动，同意让她带一支三四千人的军队去解救奥尔良城。

贞德的武器只有一把剑和一面旗帜。在战斗中，她总是高举旗帜，冲在队伍的最前面。她和她的旗帜在哪里出现，法国士兵就奋不顾身地跟上去。经过无数次战斗，贞德和她的部队来到了奥尔良城下。守城的法军却不肯开城迎接，他们不相信贞德这个女孩子能带兵打败英军，有人甚至认为她是妖怪巫女。贞德也不申辩，她巡视一周，看到城的另一边还有一座最坚固的英军堡垒，便指挥法军攻击敌堡。她首先跃过深壕，架起梯子爬上城堡，但摔了下来。

不一会儿，她高举战旗又冲了上去。守城的官兵亲眼看到这一切，大为感动，立即开门出击。被英军围困长达209天的奥尔良解围了。捷报传开，整个法国一片欢腾。奥尔良战役的胜利，彻底扭转了法国在整个战争中的危难局面，战争从此朝着有利于法国的方向发展。接着，贞德又率军收复了许多北方领土，并在兰斯大教堂举行了查理七世的加冕礼。但是，宫廷贵族和查理七世的将军们却不满意这位"平凡的农民丫头"影响的扩大，便蓄意谋害贞德。

1430年，在康边城附近的战斗中，当贞德及其部队被英军所逼撤退回城时，这些封建主把她关在城外，最后以4万法郎将她卖给了英国人。贞德宁死不屈，她说："为了法兰西，我视死如归！"1431年5月29日，贞德备受酷刑之后在卢昂城下被活活烧死，她的骨灰被投到塞纳河中。死时，贞德还不满20岁。

贞德之死激起了法国人民极大的义愤和高度的爱国热情。1436年法军攻取巴黎，1441年收复香槟，1450年夺回曼恩和诺曼底，1453年又收复基恩。1453年10月19日，英军在波尔多投降，战争至此结束。

拿破仑对贞德有着很高评价，认为她是法国的救世主。贞德死后法国的民族主义高涨，出现了很多关于贞德的史料编写和研究，法国爱国主义运动以她的伟大形象进行宣传，并有大批作家和作曲家歌颂她，包括莎士比亚、伏尔泰、席勒、威尔第、柴可夫斯基、萧伯纳和布莱希特都创作了有关她的作品，而大量以她为题材的电影、戏剧和音乐也一直持续到今天。

二、肖邦的爱国故事

肖邦一生不离钢琴，所有创作几乎都是钢琴曲，被称为"浪漫主义的钢琴诗人"。他在国外经常为同胞募捐演出，为贵族演出。

1837年，他严词拒绝沙俄授予他的"俄国皇帝陛下首席钢琴家"的职位。舒曼称他的音乐像"藏在花丛中的一尊大炮"，向全世界宣告"波兰不会亡"，因为不愿当亡国奴，他后半生再也没能踏上故土。客死他乡时，年仅39岁。

"生于华沙，灵魂属于波兰，才华属于世界。"今天看来，这依然是对肖邦中肯的评价。与"日心说"的创立者哥白尼、物理学家居里夫人等人一样，肖邦已然成了波兰的象征和国家的名片，其所承载的意义早已超越音乐、钢琴的范畴。

肖邦在波兰民间音乐的乳汁哺育下成长起来了。他不但热爱波兰民族的文化，更深深地热爱着自己的祖国。那时，他的祖国正遭受沙皇的奴役和欺辱，波兰的大地被俄、奥、普瓜分得支离破碎。波兰人民的反侵略斗争如同地下的岩浆冲击沸腾，那时的波兰就像一座一触即发的火山。年轻的肖邦为苦难深重的祖国担忧，为即将来临的革命风暴所鼓舞。一天，肖邦看到了波兰进步诗人维特维斯基的一首题为《战士》的诗。这是一首激动人心的诗篇，肖邦爱不释手地读了一遍又一遍，他情不自禁地轻声朗诵出来："时间已到，战马嘶鸣，马蹄忙不停。再见，母亲、父亲、姐妹，我告别远行。乘风飞驰，扑向敌人，浴血去斗争。我的战马快如旋风，一定能得胜。我的马儿，英勇战斗，如果我牺牲，你就独自调转头来，向故乡飞奔……"

由于远离祖国和亲人，思乡之情和对祖国波兰前途的深刻担忧一直在折磨着肖邦，严重地损害了他的健康。肺病久治不愈，日渐恶化，稍一走动就虚汗如雨，弱不禁风。1848年2月16日，肖邦在巴黎举行了他最后一次音乐会。那天，音乐厅布满鲜花，音乐会的票在几天以前就已预售一空。演出前，肖邦是被人用一顶轿子抬上后台的。虽然他已虚弱得难以支撑，但是那天晚上他的演奏依然是那么出色，扣人心弦，像他风华正茂时演奏得一样充满生气和诗意，优美而动人。当他用尽全身力量弹出最后一个音符时，听众的目光都集中到他身上了。肖邦把手指从琴键上移开，擦去额头上渗出的汗珠，慢慢从钢琴旁站起身来。这时，静穆的音乐厅突然爆发出一阵雷鸣般的掌声，这掌声像大海的波涛一样向肖邦袭来。过度的辛苦和兴奋，肖邦只觉眼前金花飞闪，一切都在晃动，人们连忙把他搀扶下去。

音乐会的第二天，肖邦的病情就加重了：发烧，气喘，极度虚弱。给肖邦看病的医生感到这对一个重肺病患者不是一个好兆头。而这时，正是1848年大革命风暴席卷欧洲之时。巴黎人民反对暴君、争取民主自由的斗争烈火已熊熊点燃，肖邦躺在病床上，望着映在窗玻璃上的火光，聆听着远处枪炮轰鸣和大街上"自由万岁"的口号声。没过多久，革命的烈火已蔓延到整个欧洲，人们奔走相告：柏林革命了，维也纳革命了，意大利米兰人民赶走了奥地利侵略者。密茨凯维奇正在组织波兰军团。波兰的波兹南地区爆发了起义——病弱的肖邦听到这些消息抑制不住内心的激动，祖国波兰又有了希望。有的波兰同胞要回国去参加战斗了，肖邦感慨万分，不管医生怎样劝阻，他坚持要到车站去为他的同胞送行。从车站回来，心情的激动、行动的劳累使他严重的肺病进一步恶化，他的心脏急剧跳动，大口大口地喘息着。

他在病痛中延缓了一年，1849年10月，38岁的"钢琴诗人"肖邦离开了人世。遵照肖邦的遗嘱，他的朋友们取出18年前从波兰带来的银杯，把杯里保存了18年的祖国泥土撒在了他的棺木上。他一生想念祖国，死了也要嗅着祖国泥土的芳香离去。遵照肖邦的遗嘱，他的朋友们又把他的心脏装在一个匣子里，从巴黎运回到波兰。赤子之心只有回到祖国母亲的怀抱里才能得到安息。

肖邦的心脏被安置在华沙的圣十字大教堂里。第二次世界大战期间，德国法西斯占领了波兰。在那白色恐怖的日子里，波兰人民冒着生命危险把盛有肖邦心脏的匣子珍藏起来，使它免于遭受德国侵略者的破坏。1949年10月17日，肖邦逝世100周年纪念日那天，肖邦的心脏又被庄严地迎回到古老的教堂里。

肖邦虽然离开了人世，但是，他的心永远在祖国人民中间跳动，他的音乐成为一笔珍贵的文化遗产，留给了世界人民。

第三章 家国情怀融入党校实践教学的内容建构

第一节 中国共产党精神谱系中的家国情怀及其当代价值

一、中国共产党精神谱系中家国情怀的基本概念

认识中国共产党精神谱系中的家国情怀要从其相关的基本概念界定和实践逻辑出发。中国共产党精神谱系中的家国情怀有着丰富的内涵，研究中国共产党精神谱系中的家国情怀也要不断追溯家国情怀思想的理论来源。近代以来中国共产党的革命奋斗历程是其重要的实践逻辑。

（一）中国共产党精神谱系

中国共产党精神谱系是中国共产党精神形态的系统性集合，有着自己的层级架构和一以贯之的精髓理念。

1.中国共产党精神谱系的内涵

"谱系"实际指一事物在历史、空间演变中所呈现出不同样态的系统性集合，是事物、家族发展的详细叙说。中国共产党精神谱系则是反映各个历史阶段具体精神形态的根系共同体。中国共产党自成立以来已经走过了百年奋斗实践之路。100年来，在中国共产党团结带领全国各族

人民革命、建设、改革和民族复兴的伟大实践中，涌现出许多具有时代代表性的英雄人物，铸造了一系列伟大精神，形成了以伟大建党精神为源头的精神谱系①。中国共产党的精神谱系内涵是中国共产党在团结带领全国各族人民在革命、建设、改革和民族复兴的伟大实践中形成的②，体现党的性质、宗旨和使命任务，彰显崇高道德境界和价值追求，具有强大凝聚力、感召力和引领力的以伟大建党精神为源头的精神图谱。

2.中国共产党精神谱系的精髓理念

中国共产党精神谱系随着历史发展不断赓续着独特的精神形态和价值内涵，同时又有连绵延续的核心意蕴。概而言之，理想信念、爱国主义情怀、为民情怀、艰苦奋斗、开拓创新作为中国共产党精神谱系整体部分中的精华，是中国共产党精神谱系的精髓理念，在精神谱系这个整体中散发着不一样的魅力。

理想信念是中国共产党精神谱系的灵魂内核，是百年历史中应对各种考验和险途挑战的精神动能。从中国共产党成立以来，就把马克思主义的真理力量当作自己坚定不移的思想根脉。坚持真理、坚守理想，始终是共产党人安身立命的根本，也是中国共产党人带领广大人民群众救国、兴国、富国、强国的百年不懈奋斗实践的目标所在。理想信念的力量在各个历史时期的精神坐标中持续沉淀，在时代前进的溪流中流淌积聚，在赓续红色传统基因的同时不断向外延展。理想信念这一精神谱系的灵魂内核迸发出的强大底蕴动力就是中国百年来保持进取向上姿态的缘由。

爱国情怀是中国共产党精神谱系的情感精髓。尽管中国共产党成立以来各个时期的伟大革命的主题、任务、成果都是不同的，但爱国情怀始终成为其不可或缺的精神特质。不论是在战火纷飞、救亡图存的年代，还是在和平发展、复兴强大的时期，爱国情怀始终是中国共产党精

---

①赵晓莹.中国共产党精神谱系的核心要义及价值意蕴[J].徐州工程学院学报（社会科学版），2022（2）：16-21.
②肖飞阳.中国共产党政党精神研究[D].衡阳：南华大学，2018.

神谱系这棵参天大树的根脉，中国共产党立党兴党强党的百年奋斗过程始终歌唱着祖国至上这一主旋律。抗战精神中的爱国情怀鼓舞中国共产党人带领全国各族人民铸就了共同团结抗日的英雄实践；抗美援朝精神中的爱国体现在为祖国人民命运和利益抗争奉献、为争取和平英勇杀敌当中，同时展现了维护我国、我军威严的坚强意志，让中国在国际上立根更稳定扎实。

为民情怀是中国共产党精神谱系的价值导向、政治立场，是中国共产党的标志性属性。习近平总书记强调："铭记伟大胜利，推进伟大事业，必须坚持以人民为中心。"[①]中国共产党精神谱系的为民情怀不是过去时，而是进行时，其中以人民为中心的本质内核犹如一条红线贯穿着中国共产党古往今来的奉献实践。"人民公仆"焦裕禄，始终为兰考人民的贫困状况忧心与奉献，为人民整治内涝、风沙、盐碱"三害"呕心沥血，造就了以亲民爱民为主要表现的"焦裕禄精神"。在抗击新冠疫情中，中国共产党人的所有的防控行动都深刻体现了"人民的生命重于泰山"这一原则宗旨。在中国共产党的组织领导下，来自不同阶层的人民群众为打赢这场阻击战作出身体力行的行动，形成了令无数中华儿女动容的"抗疫精神"。中国共产党精神谱系的传承能够构筑人民群众积极奋斗的精神家园。这些精神生动体现了广大人民群众的意愿，深刻揭示了党以人民为中心的艰苦奋斗是中国共产党精神谱系的品格理念。中国共产党精神谱系是精神凝结史，本身就是无数中国共产党人团结奉献、艰苦奋斗的实践历程凝结体。从以前的各个时期到现在的社会主义新时代，艰苦奋斗的品质依然在与新的时代主题结合中继承发展，融汇了很多符合中国国情的奋斗性时代精神表现。两万五千里漫长艰险的长征路上革命战士毫不退缩、艰苦奋斗最终铸就的长征精神；伤病折磨却不停止训练，凭着奋斗拼搏、攻坚克难的品格意志取得胜利的女排精

---

①习近平. 在纪念中国人民志愿军抗美援朝出国作战70周年大会上的讲话[N]. 人民日报,2020-10-24(002).

神。正是艰苦奋斗这一特质填充了中国共产党精神谱系的底色。

开拓创新是中国共产党精神谱系的源头动力，是中国共产党人攻克难关、成就历史伟业的重要武器。创新作为中华民族的百年传承禀赋，在中国共产党的精神谱系的悠长画卷之中传承描绘。通过实践中国共产党人向我们证明没有所谓的"金科玉律"，只有认真分析中国实践并且抓住时机锐意创新，中国共产党人才在经历无数艰难困苦后走出一条前人没有实际经验，甚至没有相关论证的新路，最终在井冈山的历史丰碑上镌刻下创新性的伟大成果。要避免固守成规，只有发散思维创造新路才能解决困境，常年干旱致使河南省林县人民深受其苦，在党的领导下发挥广大人民的智慧埋头开山，最终造就"天河"，铸就伟大的红旗渠精神。没有永远的弱小落后，只有发挥敢闯敢干的精神，才能赶上时代进步的步伐。中国共产党秉承创新理念领导人民开拓出紧跟改革开放潮流的康庄大道，推动特区由弱变强，带动中国整体发展，铸就了为人称道的特区精神。

（二）中国共产党精神谱系中家国情怀的内涵

学界对中国共产党精神谱系中的家国情怀进行了相关论述，秦玉娟对中国共产党精神谱系中的爱国情怀进行了研究，指出："爱国情怀贯穿于中国共产党精神谱系百年发展，包含着爱国和爱党、爱社会主义高度统一；坚决维护祖国统一与尊严；坚持上下同心，团结一致；一贯矢志报国，不惧牺牲的基本内涵。"[①] 栾淳钰指出："在中华儿女的精神谱系里认同、归属、担当、奉献等体现家国情怀的价值理念和精神品质随处可见。"[②] "中国共产党新时代家国情怀观是中国共产党人实现'个人—家庭—国家—世界'一体同构、多维治理的最新理论主张和价值选择，具有丰富的内容蕴含和思想旨趣。"[③]

---

①秦玉娟.论中国共产党精神谱系中的爱国情怀[J].思想教育研究,2021(6):87-90.
②栾淳钰.中国共产党百年家国情怀学术史[J].社会科学动态,2021(6):5-11.
③任鹏,李毅.新时代中国共产党的家国情怀观[J].东北大学学报(社会科学版),2022(4):109-117.

根据学界对中国共产党精神谱系中的家国情怀的相关论述，在中国共产党精神谱系中的家国情怀强调几点：一是注重爱国爱党爱社会主义的结合。不仅要注重培养普通个体的家国情怀，还要注重中国共产党这一主体的精神情感责任向度。中国共产党作为国家的执政党，其精神谱系中的家国情怀对民众群体的精神情感引领不言而喻，也符合自身革命建设的需要。因此要重视中国共产党的主体能动性；也要在爱家爱国的同时把对中国共产党的支持与热爱当作前提。同样中国共产党精神中的家国情怀是在践行社会主义道路上形成发展的情怀，要把爱社会主义当作家国情怀的重要前提。二是要注重为家为国与为民族的结合，把民族共同体放在突出地位。三是要注重从个人到世界的角度深化，把爱家爱国与对世界人类命运的关切进行深度结合。四是要注重历史和现实的统一，精神谱系中的家国情怀既是对中华优秀传统文化的赓续延展，也包含着对国家未来实践的担当与责任；要注重时代主题当中精神情感向度、历史与文化导向、道德要求、政治构建、世界人类愿景等方面的协调统一。五是要注重从理论到实践的融合，把中国共产党精神谱系的精髓理念与历史时代主要矛盾结合，与共同体归属身份的认同、共同体情感的归属、精神道德责任的担当、行动的支撑结合。六是要注重历史、文化、精神、情感、道德、政治构建等方面的协调统一。

在把握新时代家国情怀的内涵基础上，结合学界已存在的研究成果，本节中的中国共产党精神谱系中的家国情怀强调的是一种情感与思想精神观念，也是一种衡量性的价值体系。中国共产党精神谱系中的家国情怀是中国共产党人和人民主体对家庭、家乡、党、国家、人民、社会主义、民族以及对世界等命运共同体所呈现的情感认同和使命责任维护。表现为把中国共产党精神传承的精髓理念与革命、建设和改革、新时代四个历史时期的社会主要矛盾、主要价值追求结合起来，把精神情感、价值选择转化为独立个体或群体对共同体自觉的情感归属、精神意志凝结、责任担当和行动实践；同时表现为主体对精神文明向度、历史与文化导向、道德要求、政治构建等方面的认同。有利于为国家发展提供团结奋进的精神情感导向，促使命运共同体更加牢固。

二、中国共产党精神谱系中家国情怀的当代价值

中国共产党精神谱系中的家国情怀透古通今，中国共产党精神谱系中的家国情怀对当今社会形成正确的历史观、加强历史认知、坚定文化自信、增强文化软实力、发展民族精神和时代精神、加强家国共同体情感认同、引领社会道德风尚、加强党风建设和国家治理都有着丰富的时代价值。

（一）历史认知的思想补给

中国共产党精神谱系中的家国情怀能够为人们提供正确的历史观导向，促进人们形成良好的历史认知；有利于构建红色历史记忆，抵制历史虚无主义的危害。

1.有利于树立正确的历史观、加强历史认知

一方面，历史是最好的教科书。家国情怀不仅是历史课程的核心素养，更应该是历史认知大课中的思想补给和引领。中国共产党精神谱系中所含的家国情怀是四史学习与认知的养料与补给，它不仅仅见证了中国共产党的精神发展史，也见证着党的历史各方面是如何发展起来的。同时见证了新中国的发展史、改革开放史，为社会主义发展史增添了力量。有利于人们对唯物史观有更深的理解，帮助人们树立唯物史观。不同时期的家国情怀努力大方向与主题也不是凭空联想、提前设定的，从脱离压迫到脱离贫困、从谋国立到兴国旺、从团家到富家，家国情怀是随当下社会的主要矛盾和复杂背景变化的；也都是随着历史时代物质生产活动的程度、基于社会存在作出的对当下历史境遇最真实的精神情感性反应。中国共产党精神谱系中的家国情怀深刻体现了在历史的洪流中人民群众才是最大的推动者。其中无一精神情怀不是为人民、靠人民，无一不是无数共产党人与人民群众实打实干出来的。

另一方面，中国共产党精神谱系中清晰的家国情怀演变能够给予我们更多更宽广的历史视野，有利于启发人们树立大历史观，启示人们用长远整体的眼光去看待历史。大历史观主张一切的历史事实都应该回放到当时的情境中去考察和判断，这样我们才能得出合情合理的结论。中国共产党精神谱系中家国情怀虽然从中国共产党成立时才起始，但它是前承继传统家国情怀与优秀文明后展望未来发展方向的家国情怀史，是纵观历史变迁和成果的经验启示录，有利于提供广阔的历史视野，帮助后来人掌握认知过去、未来联系延续的规律，沿着历史脉络发现真正的动机根源和历史驶向。近代以来，无论在哪个历史时期全国各族人民都在为同一个目标团结奋斗、共创美好家园，形成了勤劳勇敢，自强不息的品质气息。回顾中国共产党在精神发展中的家国情怀演绎脉络，有助于实现历史记忆的联动，从革命历史时期的精神中去获得更清晰有利的历史认知。也正是在古代丝路的基础上习近平总书记提出共建"一带一路"的倡议，填充了新时代丝路精神的内涵，有助于把大历史观的智慧加以实践性演绎。

2.有利于构建历史记忆、抵制历史虚无主义

如今我国众多意识形态观念林立，扰乱了一些公民的思维，很多敌对势力借机钻思想的空子，历史虚无主义就是最大的思想毒瘤之一。它的实质是磨灭中国人民革命奋斗在历史长河中的分量，污名化中国共产党在国家复兴路上的付出，贬低党的先进性，否定新民主主义革命、社会主义革命道路和中国特色社会主义的价值性的唯心史观，是错误的历史观。它否定历史事实，大肆诋毁、戏说历史英雄人物形象，用学术研究自由、言论自由的幌子掩盖他们的政治目的和意识形态色彩，实则是为了篡改模糊更多中国人心中正确的历史记忆，把中国历史长河中的红色基因根脉截断，把家国情怀传承的根基和血脉破坏。而构建历史记忆，传颂人民爱国爱家、与党团结奋战的历史史实是回击历史虚无主义的有效手段。

中国共产党精神谱系中的家国情怀有着凝重意味与警醒气息，是中国共产党红色传统的历史记忆集合。在百年党史视野下认知中国共产党为民牺牲的艰辛历程；在新中国史中看清新中国得以拼搏中求得发展自立的全部曲折；在改革开放史中感悟当时为国家拓展新机的压力和艰苦付出；在社会主义发展史当中清楚中国特色社会主义之所以适应中国的奥妙和在先辈们实践中探寻的努力。中国共产党领导人民革命奋斗为国民谋出路的家国情怀诠释史清晰了这些历史记忆，呼唤着我们尊重先辈成果、热爱和平家国的情怀，同时更是反思审视当下格局的经验书。

中国共产党精神谱系中的家国情怀饱含着"无国强，失家安"的惨痛经历，也蕴藏着深厚的人民革命奋斗智慧和付出，有利于敲响人们防范历史虚无主义风险的警醒钟，启示我们维护好历史记忆环境和观念。正是无畏的革命、改革精神情怀促使我国在新民主主义革命、新时代党的自我革命稳步前进，通过这些革命史实回击"告别革命论"的错误观点；通过井冈山精神、改革开放精神等党带领人民走中国特色社会主义道路而取得的伟大成就，来反击污化党、人民和社会主义价值的声音。中国共产党精神谱系中的家国情怀在历史更替与时代精神结合中尽显历史导向的正确方向，有利于用点面交织的历史史实网唤醒深入中华民族血脉骨髓的历史记忆，防范敌对势力编写的历史借机补位；有利于广大民众认清历史虚无主义的本质和不良目的，敬重英雄和历史，避免被动地沦为不良居心者的工具。

（二）文化自信与民族、时代精神发展的精神底气和导向

中国共产党精神谱系中的家国情怀集合了党在革命、建设、改革、新时代等时期的红色家国文化，与民族精神、时代精神相契相促。有利于为文化自信、文化软实力和民族、时代精神发展提供资源和导向。

1.为增强文化自信和文化软实力提供底气和导向

习近平总书记在党的二十大报告中提出："全面建设社会主义现代化

国家，必须坚持走中国特色社会主义文化道路、增强文化自信。"①

中国共产党精神谱系中的家国文化的时代传承有利于为提升文化自信提供资源底气。我国人民之所以有文化自信，是因为我们有着五千多年的文明历史，有着丰富的精神文化源泉动力。沿着历史的卷轴向前回望，中国共产党精神谱系中的家国文化吸收了古代历史家国文化，其本身更是集合了革命、建设、改革、新时代等时期的红色家国记忆，它把传统文化、革命文化、社会主义先进文化这三种文化承上启下的作用结果糅合成系列集合。随着社会矛盾的变化，家国文化与中国共产党精神谱系都会随之发生转变，中国共产党精神谱系中的家国文化保持着其创新创业的精髓理念，传承中国共产党的革命精神，不断进行"革故鼎新"。随着改革开放的发展产生的中国特色社会主义的先进文化使得文化体系逐渐枝繁叶茂，构成社会主义现代文化的重要资源和组成部分。新时期北斗精神、科学家精神等精神中为这个时代的中国力量添砖加瓦的人群是秉承浓郁家国情怀的代表。从整体上看，家国情怀的表现保持更新的状态，始终为坚定文化自信注入活力。

中国共产党精神谱系中各种家国文化形式和其中包含的文化底蕴丰厚了文化自信的资源和底气。社会各个时期精神中家国情怀表现有同有异，但都展现着共产党人的气节与精神风貌。许多老一辈共产党人的家风文化传播至今，一封封家书是红色基因的流淌，透过饱含深情的文字，许多历史人物更加鲜活；中国共产党精神谱系中红色英雄故事、红色遗址、地方乡土特色的红色家国文化是进行宣扬的有效资源。

同时这些资源都是如今促进和平时代公民养成奋勇前行文化品格、增强家国自豪感、形成使命感、把文化自信内化为文化自觉的养料。基于中国共产党精神谱系中家国精神文化传递的坚定信念和历史自觉，有利于公民在面对各个时期多种文化思潮冲击时始终保持清醒与自觉，勇立潮头积极与不良文化思潮作斗争。

---

① 习近平. 高举中国特色社会主义伟大旗帜 为全面建设社会主义现代化国家而团结奋斗——在中国共产党第二十次全国代表大会上的报告[M]. 北京：人民出版社，2022.

此外，家国红色文化自信在建设社会主义奋斗路上熔铸，家国的良好发展又反馈于文化自信，这不仅仅包含个人头脑中思想文化的自信，更是国家文化软实力的自信。在与世界的交流中，中国共产党精神谱系中家国情怀的一大突出表现就是始终把具有民族特色的文化理念作为最重要价值取向，它是基于中国特色社会主义构建起来的家国情怀，不是只为国家利益牺牲人民幸福的、内涵较为单一的爱国意识。抗震救灾精神、抗疫精神中守护家国、守护人民的优异成就是新时期极其鲜明的家国文化自信来源和印证。同时这种开放特色也是面对世界多元文化侵扰时保持定力的关键一招。有利于增强中华文明传播力影响力，在世界舞台上展现国家软实力。中国共产党精神谱系中的家国情怀代表着中华文明的精神标志，集结了中华文明的文化精髓。有利于传播我国文明，展现中国国际化大国形象，为世界贡献中国文明智慧。中国共产党精神谱系主张在家国情怀中继续延展大同世界的理想，饱含着人类情怀和深沉的世界情谊；有利于向世界展示中国故事、传播中国声音，传播中国特色的话语，增强国家文化软实力的独特底气。

2.与民族精神和时代精神相融相促

在中华民族独立复兴大业的波澜壮阔征程中，中华民族形成了以爱国主义为核心的团结统一、爱好和平、勤劳勇敢、自强不息的伟大中华民族精神。而中国共产党人精神谱系从来都是饱含着浓烈的家国情怀的体系，与爱国主义为核心的民族精神在目标理念上是有很大契合性的。一方面，中华民族的民族精神强调的是精神共同体建设，中国共产党精神谱系中的家国情怀最终目标也指向精神情怀共同体的凝聚。另一方面，民族精神中饱含着深沉的爱国情，与中国共产党精神谱系中的家国情怀呈现出交织交融的状态。中国共产党精神谱系中的家国情怀继承和发展了民族精神，同时中国共产党精神谱系本身就是一部家国情怀发展演绎的历史，有利于为民族精神增添时代新演绎。

中华民族的民族精神把爱国恋家作为光荣的民族文化传统予以发扬，有利于抗击部分西方价值观中偏激片面地强调国界消失、爱国主义过时论、极端个人主义等意识形态观念的负面影响。中国共产党精神谱系中的家国情怀吸收了民族精神的精髓，是广大人民群众跨越时空地域的界限、感知历史与英雄人物精神力量的重要载体，同样是突破非主流意识形态壁垒的重要武器。

中国共产党精神谱系中的家国情怀具体表现也是在贯彻民族精神中外显的，没有团结一致的精诚合作精神就不会有女排精神创造的团体奇迹，没有对和平的守望就不会有远赴朝鲜的援助情，没有勤劳勇敢的井冈山人民就不会有成功在贫瘠农村勇开革命新路的良策，没有把奋斗自强当作工作理念的"两弹一星"精神就会令国家陷于他国虎视眈眈的威胁之中。

此外，中国共产党精神谱系中的家国情怀与改革创新为核心的时代精神相鉴共生。除了改革开放大潮中特区精神的锐意创新，抗疫精神中中国对世界疫情动向的关注与贡献，丝路精神主张与其他国家互惠互利等都是中国努力创设符合中国实际的、拥有特色性文明的创新性实践，其中包含的人类情怀也是家国情怀与时代所属的多样、深厚意蕴底蕴融合的成果形态。这些人类文明新形态是尊重别国的发展道路、为全人类共同价值而努力奉献的文明，是时代精神最新的展现。

（三）家国共同体的情感和价值支撑

对中国共产党精神谱系中的家国情怀的认同是从情感认同到道德品质内化再到责任的承担与践行的层次延伸，有利于提高家国共识、形成命运共同体，有利于公民素质提高、形成共同的价值取向，共担民族复兴重任。

1.有助于提升家国共同体的情感认同、共建精神家园

家国情感的认同要从对家国的认知变为家国情化的情感依恋，把情感上升为信仰，最后产生对共同体根本性认同。对家国共同体的情感认

同是个体对家国的眷恋，并主动转化为家馨国强倾心奉献的情感，并且相信家国共同体会给予个体情感依恋的实力。中国共产党人精神谱系中的家国情怀一方面包含着对国家民族以及故土家园的深厚感情，另一方面包含着对历史、文化、政治的认同与自信。中国共产党精神谱系中的家国情怀有其特殊性，既包含丰富的情感性，又表现出精神引领性。表现为对家国主体产生心灵上的共鸣融通和情感意识上的归属感，从而将其内化为自身精神世界或者家国共同体向上向心的精神情感力。有利于为家国和个体发展提供团结奋进的精神情感导向，促使命运共同体更加牢固。

（1）为家国共同体提供情感导向

一方面，中国共产党精神谱系中家国情怀丰富的内容为个人融入国家提供精神情感导向。在革命文化的情感熏陶下，个体把自身融入国家和集体利益中，从而不断推动革命事业向前发展，并在其中实现了个人价值。从抗日救国维护国家独立的情感到为建设祖国，无数科学家扎根荒漠、隐姓埋名，无数石油工人铆足干劲、为国谋油，希望国家能在国际上站稳站牢的情感；到改革开放精神为国家人民生活谋取致富之路的情感；再到如今新时代广大劳模在自己的职业上发光发热、奉献自我，为祖国现代化建设事业努力奋进，在本职工作当中展现对大国小家的奉献情；最后再上升为对全人类的生死存亡、和谐共进的盼望情。另一方面，国家、社会、家庭等大环境主体有着努力保护人民的情感底色，为个人发展提供了很多进步的平台与资源。在女排精神中，个人得以在国家体育事业大发展的过程中展现出自我的优势和奋斗不止的形象；在新时代北斗精神当中无数科研工作者发挥自己的专长，在为国进行科研攻坚的道路上展现出自我价值和自我魅力。中国共产党精神谱系中家国情怀饱含着许多个人希望家庭、国家、全世界在全方位各领域持续向好、实现现代化、拥有美好生活的情感，也浸染着国富家安以维护人民希冀的情感意蕴，总之，各主体声气相投、同向互助有利于更新家国共同体适应现代化的情感底色。

（2）为民族共同体认同提供情感信仰

首先，中国共产党精神谱系中的家国情怀是为相同的家国共同体兴旺发达而奋斗出来的。为了国家兴旺、社会有序、民族繁荣，从个人到家庭主体、国家主体、党政主体、民族主体，都有对构建共同体的期待与付出，对家国共同体有强烈的情感依恋，而民族命运共同体也需要这种团结奋斗的情结。其次，这种情结还有对中国共产党领导的情感亲近。中国共产党精神谱系中的家国情怀是各民族凭借对中国共产党这一先进力量的信仰孕育的，在孕育家国情怀的同时也滋养着民族命运共同体认同的情感信仰。再次，构建中华民族命运共同体要有对共有文化的认同，中国共产党精神谱系中的家国情怀是不同民族的共产党人领导多个民族相聚、不同的民族团结组合起来孕育不同文化表现的情怀。虽然各民族传统不同，却都是共同享用着中华民族几千年传承下来的文化滋养，中国共产党精神谱系中家国情怀是各民族共产党人领导各民族人民奋力凝创的，同时吸收了时代新生精神表现出的为家国贡献的新思想，为民族共同体进一步牢固增添了新而鲜活的情感养料。从次，中国共产党精神谱系中的家国情怀与民族共同体认同都是在一个中国的情感基调中发展的理念，家国情怀认同有利于促进国家认同融汇到对民族的信仰当中，对全国各民族主体形成精神性凝聚力量。最后，中国共产党精神谱系中的家国情怀从特色国情和特色的社会主义道路中绽放不同的色彩，民族共同体吸纳其情感用意，注重从多民族和多人口的特色国情进行特殊调整、与特色社会主义总体要求产生和谐共鸣的发展走向。总之，各民族在中国共产党精神谱系中家国情怀酝酿途中强烈感受到党、国家、文化、中国特色社会主义的情感力量，为民族共同体认同奠基了情感信仰。

（3）为历史、文化、政治认同奠定情感基调

在历史文化认同方面，中国共产党精神谱系中家国情怀有利于加强对历史、文化的了解。中国共产党精神谱系中家国情怀蕴含的革命情

感、历史荣辱、创新创业文化、奉献奋斗精神、和谐世界情等都为公民历史文化认同提供了情感基调。有利于激发公民对实现中华民族伟大复兴中国梦的历史使命感，把个人的价值贯通在国家的发展之中，把握国家意识和民族意识提升的关键环节。有利于加强对近代以来历史的认同，加强对我国文化自豪感和传承意识，坚定对家国文化认同的坚定信心和信念。在政治认同方面，红旗渠精神、改革开放精神、脱贫攻坚精神等都深刻体现中国共产党人对民生问题的关注度。中国共产党在社会利益分配方面努力保证公平公正，使分配保障体系更加健全，努力维护中国特色市场经济的公民，宣扬各行业劳模精神，吸纳各民族人才，努力在各方面创造公民收获福利的社会环境。中国共产党精神谱系作为反映党和政府为家国、为人民谋福利所采取的行动措施的集合，是极有渲染宣传意义的资源，能增强公民对中国共产党、对国家、对中国特色社会主义的情感认同。

中国共产党精神谱系中的家国情怀圆融互通的智慧使得在共建家国的历史中亿万人民的心逐渐靠近、形成情感共鸣，有利于营造共赢的命运共同体形式，共建精神家园。

2.有助于提高公民道德品质、增强社会主义核心价值观的作用

道德是形成化的认同，是对国家情感认同的最好诠释。道德涉及将对家国情感的内化外行。把信仰意志转化为公民个人的自觉道德价值观，继而把个人的道德素质上升为坚定不移的精神追求，最后把精神价值取向体现在践行家国同向共好的行动当中。社会主义核心价值观是对社会国家认同、文化自信、精神修养的需求容纳体，对家国情怀起到时代性价值引领作用；中国共产党精神谱系中包含的家国情怀演绎则为社会主义核心价值观的实践提供理论内容填充与精神价值共鸣。要做好现代化国家的整体价值引领，发挥红色资源的当代价值，就要利用好中国共产党精神谱系中家国情怀与社会主义核心价值观的联系，为社会主义核心价值观增添助力。

（1）为培育国家、社会良好风尚提供价值共鸣力量

承担起个体应有的责任、提高整个社会的道德文明风尚是中国共产党精神谱系中家国情怀的目标走向。社会主义核心价值观的国家、社会层面的要求是公民个人道德的内化外显的时刻，是形成社会、国家价值统一战线的表现。中国共产党精神谱系践行家国情怀的红色故事中有利于用坚守理想信念不断克服难题的奋斗风姿和红色家风文化力量来引领国家、社会道德风尚和价值取向。有助于敦促每个个体和家庭，把自己的理想、前途、命运同祖国的发展和民族的繁荣密切联系起来。

首先，中国共产党精神谱系中的家国情怀是为国家层面社会主义核心价值观的落实提供良好的启示。正是中国共产党精神谱系所演绎的为国家前途不惜献身的家国情怀实践，启示公民个体拥有更好地处理个人与家国利益冲突的价值方向，有利于精神的富足性。同时从改革开放精神、航空航天精神中可以体会到为国家富强创新付出的家国情怀理念，有利于"富强"这一国家层面社会主义核心价值观要求的落地实行，有利于营造物质与精神相协调的富强和文明大国。中国共产党精神谱系包含的众多英雄为家国建设前途热血奉献的情怀与事迹能够启示更多公民感悟到国家和谐的来之不易，从而化为承继、完善国家和谐之风的责任与行动。如今古代丝路精神重新焕发光彩，演变为更成熟的囊括人类整体的情怀，有助于和谐中国的营造、形成更多彩的文明。同时，也正是抗战精神、井冈山精神等革命情怀中对人民权利赋予的实践演绎，为实现国家独立以后形成更自觉化、规范性的民主奠定了基础。

其次，中国共产党精神谱系中的家国情怀不乏为了人民生活、家国稳定有序追求社会自由、平等、公正、法治的表现，其中的精神情怀导向和实践有利于当今社会主义核心价值观要求的具体深入实施。比如改革开放精神演绎的家国情怀给予社会风尚构建许多启示；使得社会形成勇探新路、追求更加自由平等的风气，使得社会市场制度愈发开放有序、严谨公正；公民更加自由平等地享受社会权利，公正法治的社会氛围也蔚然成风。

最后，西方国家的个人主义对我国集体观念的攻击性影响力很大，试图拆解和覆盖中国共产党精神谱系中家国情怀的精华作用，造成了部分主体道德信仰的缺失。中国共产党精神谱系中家国情怀包含了对公民个人和社会、国家主体在道德行为、价值观念、责任承担上的多重要求①。有助于提高国家、社会整体道德风气，抵制极端个人主义、拜金主义、享乐主义的影响，有利于社会形成正向的金钱、义利观念与风气。

（2）为公民层面的道德品质提升与落实提供精神价值导向

"爱国、敬业、诚信、友善"个人层面的社会主义核心价值观规定了现代公民道德品质的内在尺度。中国共产党精神谱系中家国情怀是在追求中华民族伟大复兴中把家国情感上升为对精神的追求与行动的，有利于在现代化发展中把这些精神价值追求融入社会主义核心价值观这一价值标准的践行路上，有利于社会主义核心价值观的要求真正落地生根，成为公民内化外行的鲜活价值理念。

首先，榜样是鲜活的道德载体。中国共产党精神谱系展示了无数饱含家国情怀的道德模范、英雄楷模事迹，这些英雄人物和事迹发挥着强大的榜样示范引领作用。航空航天精神可以激励更多大好青年参军卫国的热情、感知为国效力的深情。越发光大的劳模精神能鼓励公民把个人对岗位热爱的种子播撒生根，让更多的公民扎根在国家、社会所需的领域；能够把社会、国家文明和谐的正气传播遍布，让更多公民在兢兢业业的默默奋斗中拥有更出彩的人生，在更多平凡的职业中演绎社会主义核心价值观个人层面要求的敬业之情。秉承着为家国共同体共奔复兴之梦的目标，能够引领越来越多的公民将情感认同、道德向往、诚信友善之心演变为终生坚持的价值观理念和责任行动。其次，中国共产党精神谱系中家国情怀有助于涵养公民家庭感恩与责任之心，中国共产党人的红色家风为家庭建设提供道德导向，有利于传承老一辈革命家遵循的艰

---

① 林俊杰，吴沁芳. 共同体视域下的"家国情怀"及其价值重建[J]. 齐齐哈尔大学学报（哲学社会科学版），2020（4）：5-9.

苦朴素、爱国奉献、谦虚友善、包容尊重的家风道德品质。再次，中国共产党精神谱系中所包含的"小家"和"大家"的关系、中国与世界的关系处理智慧也有利于拓宽公民个人的胸襟，克服鄙夷他人、狭隘自私的行为素质，以理解包容的心态厚爱他人，自觉融入构建和谐社会的大背景和大环境。最后，国家、社会和公民及其家庭的联动互利赋予公民个人大展拳脚的舞台，同时也因与国家、社会的联动共生而承担更多的责任。中国共产党精神谱系中家国情怀所塑造的"有福同享，有难同当"的责任共同体意识愈来愈成为个人处理好各类社会关系和实现价值目标的必备素质，为社会主义核心价值观的个人标准提供实践演示。

（四）家国教育的资源和价值导向支持

中国共产党精神谱系中串联而成的多样家国情怀史实无疑是思想政治教育体系的血肉之填补，也为完整协调运作家国教育提供灵魂补充。有助于增加思想政治教育学科教学内容和资源的完善性，增加精神情怀的柔性力量，潜移默化地使得受教育者拥有深厚的家国情怀，进而把个人价值融入现代化建设发展之中。

1.为思想政治教育提供教育资源和价值导向

党的二十大报告提出"教育、科技、人才是全面建设社会主义现代化国家的基础性、战略性支撑""要办好人民满意的教育"[①]。新时代思想政治教育的目标是培育时代新人，中国共产党精神谱系中的家国情怀所起到的教化目标也最终指向培育具有护卫家国精神情怀的时代新人。

首先，要培育当今时代有力的拥护践行者就要在教育资源上下功夫。中国共产党精神谱系百年的精神情怀实例累积是思想政治教育的重要教育资源，是家国情怀教育的有力佐证，是思想政治教育在家国情怀培育中的坚实载体，有利于思想政治教育学科的完善性与完整性。当今大中小学思政课一体化教学正在各地热烈实施推行，老年大学正在各个城市

---

① 习近平. 高举中国特色社会主义伟大旗帜 为全面建设社会主义现代化国家而团结奋斗——在中国共产党第二十次全国代表大会上的报告[M]. 北京：人民出版社，2022.

悄然兴盛，职业技术教育在蓬勃发展当中，对多层次、多年龄的主体进行思想政治教育引领需要更统一化的教育资源填充。中国共产党精神谱系中家国情怀是经过权威总结的序列性精神表现出的家国情怀，能在一定程度上弥补参差不齐的教育资源短板，进行更系统有序的教育。不论是对教师进行更准确活泼的教学设计，研学者进行更精准丰富的教材编著，还是最后对教学质量进行总结性评价都具有一定的参考意义。

其次，中国共产党精神谱系中的家国情怀是有力的精神引导工具，是思政教育榜样示范功能鲜明展现的集合，有利于为思想政治教育端正政治导向和价值方向。通过经典史实，让受教育者深刻领会鲜活历史人物实践家国情怀的热切奉献与奋斗情，增强教育的感染力和示范性说服力。用当地精神谱系中践行家国情怀的英雄人物事迹引导学生产生英雄崇尚感，认识到高尚的灵魂并不是缥缈虚无的存在，而是在身边。这些当地的榜样性人物更容易使人们产生情感共鸣，增强教育开展的顺利性，促进教育效果更加明显。从教育内化过程来说，中国共产党精神谱系践行家国情怀的百年实践有利于启发思政教育中把一些抽象的概念转变为行之有效的内化性认知，进而把认知转变为情感，学会把情感迁移潜移默化到价值观当中形成相应的信念感，引导学生爱家、爱国、爱党、爱社会主义融合的政治认同和国家认同。

最后，进行历史教育是思政课的一大重点内容和任务。普通高中课程标准就规定了家国情怀是历史学科核心素养之一。中国共产党精神谱系提供了家国教育的历时性与共时性导向，有利于克服历史教育、文化教育的难题。历史教育涉及过去与现代意义的结合，文化教育也涉及传统文化与现代文化的融合。中国共产党精神谱系中的家国情怀把百年大局理念贯穿，把党和国家的百年历史与现实社会生活融汇，有助于把握好思政课堂与现实境遇的有效结合。古今结合的中国共产党中的红色家国文化是时代与现实筛选所得的精华，有利于把握好对待多样文化的尺度，为文化教育提供经验与方向，做好德育思政、文化思政的贯彻工作。中国共产党精神谱系中的家国情怀能够引导群众树立大历史观和历史唯物主义观念并正确看待意识形态问题，从而在历史的更替和文化交汇的复杂境遇下提供持续性的教育导向和动力源。

2.为家庭、学校与社会协同进行家国教育提供方向引领和教育载体

中国共产党精神谱系中的家国情怀随着教育现代化的发展而持续发力，为家庭、学校、社会协同育人提供系统有据的教育载体和有力引领，有利于家国情怀教育的全面铺开。中国共产党精神谱系是一个集合个人、家庭、社会、国家、党、民族、世界等主体合力的体系，本身就是良好的协作示范体；其中各时期的家国情怀交织有序，有利于在各个教育平台中把家国情怀的"藤蔓"当作家国教育协同目标的连接绳，给共育教育模式提供资源启示和方向引领。

首先，在家庭教育中让更多家长有本可依、有情可递。有利于家长把中国共产党精神谱系中蕴含的家国情怀典范事例当作家庭教育的参照教材，可以依照中国共产党精神谱系中家国情怀的演绎全貌作为构建家庭式家国情怀教育的思路框架，通过讲读中国共产党精神谱系中的红色家风故事以培养孩子的爱家、爱国意识，用共产党人的简朴作风故事鼓励孩子节约的习惯，树立正确金钱观和利益观。在家庭教育当中除了采取显性教育模式外，还可以浸入隐性教育的模式。父母主动加强自身系统学习精神情怀的同时营造浸润家国情怀的生活氛围，把"生活教育"贯彻好，把良好家庭风气逐渐浸染至整个家庭环境，以求得"润物细无声"的教育成效。

其次，在学校教育当中，中国共产党精神谱系中的家国情怀有利于深化教育者和受教育者的情怀，为思想政治教育、历史教育等课程提供方法资源来源和教育形式启发。比如为家国情怀培育提供案例教学法、情境教学法素材。在思想政治教育学科中加入精神谱系中的英雄人物的典型事例或者利用精神谱系中践行家国情怀的具体事例铺设场景，利用多媒体或者艺术装饰等手段进行情景渲染，能够达到引人入胜、引情入

心的教学效果。总之，通过针对性高的、带有红色基因的家国情怀创新性课程有利于精准施教、加强教育的有效性。

最后，在社会教育舞台上呈现中国共产党精神谱系中所蕴含的家国情怀有利于助力大思政课教育。比如各地通过开展社会学雷锋精神系列活动、建设本土思政教育研究基地；开展"小小讲解员"进纪念馆等活动，把更多家国情怀优秀的本土传统文化变为现实版活的文化教育形式。中国共产党精神谱系中家国情怀的社会性呈现还有利于为广大文艺工作者围绕其中家国情怀的光辉事迹创造深入人心的文字作品，从而传递其中所蕴含的家国一体主旋律。社会教育部门力量可以围绕中国共产党精神谱系中中国共产党人物、事物、地标所含的家国情怀进行系统性开发，还可以发掘更多与中国共产党精神谱系相关的、同时符合各年龄阶段特质的绘本、有声读物、动画电影、短视频等教育资源，有利于社会教育资源竞相涌流的同时井然有序地对家国情怀进行渗透式教育。有利于为宏大叙事和微观描述提供权威性宣传载体，促进理论性、政治性的上层建筑化为广大受教育者更能内化于心的生活性话语，帮助受教育者在潜移默化当中把家国情怀入心入行，在社会大环境中把大思政课效果落实、放大。

中国共产党精神谱系中的家国情怀能够促进三个平台在资源互通和同向发力中协作，共同把五星红旗和党旗的"红"深刻映照在民众心底，也让家国情怀在家长、教师、学生等社会多样群体当中扎根生长。

（五）全面从严治党和国家治理的政治智慧蕴蓄

在中国，国家治理的基本含义是指在中国特色社会主义道路的既定方向上，在中国特色社会主义理论的话语语境和话语系统中，在中国特色社会主义制度的完善和发展的改革意义上，中国共产党领导人民科学、民主、依法和有效地治国理政。因此，中国共产党精神谱系这一中国特色社会主义理论与中国共产党治国理政存在内在联系，蕴含着在实践社会主义伟大建设征途中所蕴蓄的广博的政治治理智慧，是一种代表性的政治文化集合，代表中国特色社会主义理论。而实现国家社会治理能力、治理体系的现代化需要有优良的政治治理智慧，也需要有家国共好的情怀认知。中国共产党精神谱系中的家国情怀的理论实践积累便是实现这一目标的政治、社会与文化上的重要支撑体。

1.为中国共产党的信念、作风治理提供智慧引领

从政权建设来看，中国共产党精神谱系的形成与传承，意在确保国家政权的红色属性。红色家国情怀为中国共产党人提供一种政治道德和政治信念，有利于坚定党领导人民把小家建设融入家国伟业建设当中的信念。有利于传承红色家风，为从严治党、加强党内"自我革命"提供精神导向。

（1）为坚定党的理想信念提供政治思想智慧

中国共产党精神谱系这一承载满满家国情怀的精神力量的传承有利于发挥红色家国文化的独特魅力，为新时代坚定党的政治理想提供许多宝贵的政治智慧和信念力量。

中国共产党精神谱系中的家国文化所传递的核心理念是把家国共胜利的理想坚守于心、付出于行，凝聚团结奋斗的信念，勇敢探索建设适合中国自己具体情况的社会主义。承继理想信念为民谋福是党从"小船"到承载千万人的"巨轮"的精神密码，中国共产党精神谱系中家国情怀的表现不乏为胜利顽强斗争的精神情怀成就，这些为家国奋斗的理想信念为前进之路标明了大方向。有了引航灯的指引便不会偏移思想的航道，启示当代党员干部不再闭眼谋政，时刻把马克思主义的信仰揣在心中，不要在执政过程中失去忠诚的航向。以中国共产党精神谱系中家国情怀这一精髓性情怀作为资源涵养党员的理想信念，能发扬其中为家国事业而献身的精神，提高党员自我的信仰高度；能促使共产党人坚守正确的政治方向，抵制名利的诱惑，并坚定不移地朝着党的目标前进。

（2）为全面从严治党提供精神作风引领

现如今社会思潮多元多样、各种诱惑和陷阱频现。相当一部分共产

党员出现对社会道德标准漠视、对精神境界追求盲目消极等现象，这些现象成为党内政治生态和主流意识形态的绊脚石。在党内面对拜金主义、享乐主义等利己主义的影响，精神的引导是形成党内自觉性的有效手段，端正其心才能引领其行。不能因为此时大环境的相对和平而忘记来时路途的风高浪急，把共产党宝贵的精神品质遗忘殆尽。首先，中国共产党精神谱系中家国情怀的表现能帮助瓦解历史虚无主义、普世价值观、消费主义、享乐主义等非主流意识形态观念对党员意识形成的干扰；有利于党员干部坚持原则、加强内化家国精神及情怀的主动性，启示中国共产党员作为积极先进领头者，义不容辞要为引领良好风气、优化党内生态环境作出应有的作风示范。

其次，中国共产党精神谱系所传播的家国情怀话语是为人民群众发声、以人民的根本利益为宣传标准的。通过中国共产党精神谱系各个具体精神中家国情怀构建的系统分析，可以加强对党内自我成长历程的了解，更加明晰中国共产党自觉履行"以人民为中心"这一宗旨使命的历程，唤起党员干部的入党初心。

再次，中国共产党精神谱系中贯彻的党内自我革命情怀和改革创新情怀能充分促进党员干部严于律己、勇于革新。习近平总书记曾指出，全面从严治党是关乎党和国家事业成败、党能否跳出历史周期率的重大自我革命。从这个角度看，中国共产党精神谱系中家国情怀包含的革命、艰苦奋斗、无私奉献、勇于创新等情怀一开始就要求全党纪律严格、组织严密、作风严实。中国共产党精神谱系中家国情怀有利于严明党的精神纪律，把爱国爱党为人民的诸多理念在党员中广泛播撒，为新时代全面从严治党提供精神作风坐标；有利于推进思想建党，推进自我革命，永葆中国共产党的清廉本色。回顾中国共产党精神谱系家国情怀的历史构建实践，延安精神中"不拿群众一针一线"的纪律传统有利于警醒思想堕落、沉溺于享乐的干部，有利于扫除其思想阴霾，促进回归从严治党、为民履职的康庄大道上。

最后，红色家风文化对严明党风政风有着至关重要的作用。建设良好的家风特别是党员干部的红色家风，是营造党内整体风气的关键一环。中国共产党精神谱系里传承的家国文化带有中国共产党人镌刻在骨子里的红色印记，带有中国共产党人血脉里流动不息的红色基因。无数革命干部的红色家书是在小家与大义之间的抉择，深刻演绎着为家国而牺牲奉献的情怀。

2.为增强国家社会治理提供智慧启示

（1）为应对家庭建设治理新问题提供经验启示

首先，现代社会对"家"本源的忽略需要弘扬中国共产党精神谱系中的家国情怀。社会新矛盾新问题的出现提醒国家治理要更加注重人民对美好生活质量的需求，需要把家庭建设放在突出位置，弄清当今社会家国治理的主要命题动向。同时，中国共产党精神谱系中的家国情怀饱含着积蕴民意的治理导向，彰显着中国特色社会主义制度的治理优势，为伟大事业的发展提供奋斗智慧。比如改革开放精神更大程度上致力于解放生产力、发展生产力，脱贫攻坚精神努力促进全体人民共同富裕的成果更加显著。而共同富裕的奋进成果有助于扶持留守儿童、空巢老人等小家庭的稳定。抗疫精神诠释了中国共产党努力把老龄家庭、幼儿家庭的困难之处放在心上的爱民情。在家庭照顾方面，青年志愿者为年迈、行动不便的老人提供上门服务，社区工作者们为年老多病的空巢老人送菜买药，努力满足困难家庭的需求。国家也为疫情时期困难家庭提供经济援助服务，满足家庭基本生存需要、保障家庭经济安全。同时在家庭健康层面，社会保障体系通过医疗保险和疾病津贴等保证患病的家庭成员得到及时、低收费的治疗，通过提供疫苗等方式帮助各家庭成员减少病毒的威胁。这一系列的措施都表现出对人民主体的重视，有助于重拾对家庭这一基本单元的建设信心。

受西方自由主义、享乐主义等社会思潮的影响，家庭内部出现奢靡之风盛行的状况，公民缺乏对家庭的归属感，家庭根基稳定性被动摇。

红色家风展现了对家庭文化氛围构建的重视，为国家治理提供文化观引导。宣传精神谱系中中国共产党人的朴素家风有利于从真实榜样故事中找到攻破如今家庭奢靡风气盛行的落脚点，促进家庭成员之间在互帮互助、团结一致基础上为家为国奉献。随着社会的发展，人们外出务工、求学的时间较长，导致对家的疏离和群体意识的淡漠，这些意味着对私的偏袒也应与对公的维护结合。

公民应该履行家庭的责任，家庭也应该承担起社会建设的任务。中国共产党精神谱系中家国情怀所蕴含的英雄先辈的奋斗情是家国团结协调的营养补充剂，启示个人的努力应该和小家的建设、国家的繁荣同向发力，在利益相悖时应作出调整，争取更大的共同体利益。

（2）为意识形态、中国特色社会主义制度建设增添智慧和信心

习近平总书记在党的二十大报告中指出，我们要坚持马克思主义在意识形态领域指导地位的根本制度，建设具有强大凝聚力和引领力的社会主义意识形态，巩固全党全国各族人民团结奋斗的共同思想基础。[①]中国共产党始终把人民生命安全放在第一位，让人民生命得到有效救治，得到了世界多方面的认可，彰显了中国特色的社会主义制度、理论优势，有利于击破西方意识形态对社会主义制度的排挤。

中国共产党人精神谱系中的家国情怀包含着团结理性的民族情感，其所体现的爱国主义为核心的民族精神是对激进民族主义的有力回击。回顾中国共产党精神谱系现今已形成的家国情怀表现，中国共产党人总是在民族大义和尊严面前秉承情理交织的行动理念，体现了浓厚仁爱之心和团结之情。中国共产党精神谱系中的家国情怀包含的民族倾向是一种正向的民族主义导向。其中的精神力量能引导人们把爱民族情感的发展与自身的行动利益结合起来，能够消解不良政治情绪，取得去偏激化的效果，能够产生更加理性的分析态度，进而促使人们采取更加理智的爱国行动。

---

①习近平. 高举中国特色社会主义伟大旗帜 为全面建设社会主义现代化国家而团结奋斗——在中国共产党第二十次全国代表大会上的报告[M]. 北京：人民出版社，2022.

中国共产党人精神谱系中的家国情怀包含着奋进创新的意识，用强大的科学创新精神能够增加立于多元文化与思潮当中的时代底气。面对发达西方国家利用科技竞争力和网络平台在意识形态上进行操控的行径，中国共产党精神谱系启发我们以理性冷静的态度虚心吸收西方国家可借鉴的优秀文明成果；科学家精神、工匠精神、航天精神等精神形态的创新实践能够明显激励广大群众发挥创新的主观能动性，努力掌握当代新知识和新技术，从而在科技竞争和网络阵地中争取更多的意识形态领地。

（3）为世界治理奉献政治文明力量

中国共产党精神谱系中的家国情怀还为世界治理奉献了有力的政治文明力量，其中的伟大精神所包含的家国情怀不仅把这份时代传承的情怀停留在国内、党内和中华民族共同体内，还延展到世界层面。如今古代丝绸之路重启，并在其基础上加大了与世界和平合作的力度和广度，吸纳了更多的国家共建共享，为国际团结贡献了政治、经济、文化等方面的治理智慧，同时为人类命运共同体的构建贡献了政治文明力量。有利于建设向全世界展现中华传统文明底蕴的舞台；有利于从整体性思维角度鼓舞个体力量为国际治理问题奉献智慧，在共同献策中把国际大舞台修缮好，把人类共同危难处理好，从而达到政治协调、永续友好的局面。

正是遵循中国共产党精神谱系中家国情怀的政治理路主张，我们注重把爱国主义精神与国际主义情怀交汇融合，提升人民群众自觉抵御西方意识形态侵害的意识，维护人民安全，践行总体国家安全观。有利于坚定伟大斗争精神，保持在百年未有之大变局当中的奋进状态，激发应对治理新问题的能力，为维护国家治理体系建设提供重要的理论支撑。

第二节 新时代党员干部对家国情怀的弘扬

一、新时代党员干部弘扬家国情怀的现状分析

新时代我国党员干部弘扬家国情怀虽已取得了一定的成就，但也存在一些问题，需要挖掘其深层次的原因，为进一步分析党员干部弘扬家国情怀的主要任务奠定基础。

（一）新时代党员干部弘扬家国情怀取得的成就

党的十八大以来，关于党员干部弘扬家国情怀在制度、党内生态、社会风气等方面都取得了相应的成就，党员干部家风建设被纳入相关法规与作风建设范畴，党内政治生态环境得到了优化，在全社会形成了弘扬家国情怀的良好氛围。

1.党员干部家风建设被纳入相关法规与作风建设范畴

加强家庭家风建设，培育良好家风是党员干部弘扬家国情怀的重要内容和任务。党的十八大以来，以习近平同志为核心的党中央高度重视家风建设，习近平总书记在十九届中央纪委六次全会上要求领导干部尤其是高级干部必须"重视家教家风，以身作则管好配偶、子女"[①]。领导干部的家风建设被提到前所未有的高度，党中央以全面从严治党为抓手，将党员干部家风建设以党内法规形式予以制度化，并将其纳入作风建设范畴。

党的十八大以来，党中央针对作风建设问题，制定和落实中央八项规定，对"调查研究、会议活动、文件简报、出访活动、警卫工作、新闻报道、文稿发表、勤俭节约"八个方面工作提出改进要求，并以此为切口，将作风建设引向深入。党员干部的家风关系到党风政风，是作风

---

①习近平. 坚持严的主基调不动摇 坚持不懈把全面从严治党向纵深推进[J]. 共产党员（河北），2022（4）：4-6.

建设的重要内容。2015年，《中国共产党廉洁自律准则》第八条将"廉洁齐家，自觉带头树立良好家风"列为党员领导干部廉洁自律规范之一。2016年，党的十八届六中全会审议通过了《关于新形势下党内政治生活的若干准则》，强调党员干部要保持清正廉洁的政治本色，领导干部特别是高级干部必须注重家庭、家教、家风，教育管理好亲属和身边工作人员，加强对亲属的教育和约束。2017年实行的《领导干部报告个人有关事项规定》进一步突出对党政领导干部的监督，重视与领导干部权力行为联系紧密的家事和家产情况。

党中央针对新情况、新问题，持续出台了一系列与家风建设相关的制度规定，开创了家风建设新局面。2019年修订的《党政领导干部选拔任用工作条例》中对党政领导干部的选拔任用条件增加了"廉洁修身、廉洁齐家"的内容。2021年，中共中央政治局会议审议批准了《中国共产党纪律检查委员会工作条例》，其中第三十二条提出，党的各级纪律检查委员会要开展廉政教育，加强家风家教等宣传教育。2022年，中共中央办公厅印发了《领导干部配偶、子女及其配偶经商办企业管理规定》，对"领导干部配偶、子女及其配偶经商办企业管理的适用对象和情形、工作措施、纪律要求等作出明确规定"①。此外，值得关注的是，甘肃省酒泉市13个部门于2022年初，在全市范围内开展了"婚姻家庭纠纷预防化解暨反家庭暴力"专项行动，相关部门共同制订的《专项行动实施方案》规定，纪检监察和组织部门要及时了解掌握党员领导干部是否存在家庭暴力、侵害妇女儿童权益的情况，为干部选拔任用提供参考依据。将"是否家暴"纳入党员干部选拔任用的参考依据中，是一个积极探索。这一系列制度规定对防止"近亲繁殖"导致家庭成员互相"配合"谋私、促进党员领导干部的家风建设具有重要意义。

2.党内政治生态得到了优化

习近平总书记在中共中央政治局第三十三次集体学习时强调了优化

---

①中办印发《领导干部配偶、子女及其配偶经商办企业管理规定》[J].支部建设，2022(18):6.

党内政治生态的重要性，提出严肃认真的党内政治生活、健康洁净的党内政治生态，是党的优良作风的生成土壤，是党的旺盛生机的动力源泉，是保持党的先进性纯洁性、提高党的创造力凝聚力战斗力的重要条件，是党团结带领全国各族人民完成历史使命的有力保障，是我们党区别于其他非马克思主义政党的鲜明标志。党中央推动党员干部弘扬家国情怀的成就之一，就是重视党员干部家风建设，严惩贪污腐败，增强全党凝聚力，优化党内政治生态，使全体党员干部在纯洁、干净的政治环境中开展工作。

党员干部的家风不是个人小事，也不是家庭私事，而是其作风的重要表现，关系到党的形象和作风，关系到政风、民风，更关系到党和国家事业的发展。目前，中国共产党在组织建设、党员干部作风建设等方面还存在一些问题，面临着世情、国情与党情变化的考验，建设清白、清正、清廉的家风，加强党风廉政建设，优化党内政治生态就显得尤为重要。党中央领导集体注重在日常工作和生活中融入家国情怀，能够积极发挥模范带头作用，引领了良好社会道德风尚的形成，让人民从内心深处抵制贪污腐败。在此基础上，党中央坚持落实八项规定，对于家风不正、贪污腐败的党员干部进行严肃惩处，力求标本兼治，优化党内政治生态，促进社会稳定发展。

3.全社会形成了弘扬家国情怀的良好氛围

新时代党员干部家国情怀中的爱国思想是基于对爱国主义理论的继承，体现"家国一体、先国后家"的爱国情怀，凝聚对家庭、国家和人民的爱，具有时代性、进步性，进一步丰富了爱国主义情怀。党的十八大以来，习近平总书记提出一系列与家风建设和爱家爱国相关的重要论述，党员干部以习近平总书记的家国情怀思想为指导，将家国情怀积极融入本职工作和日常生活中，把对家庭、家人的关心爱护上升为对国家、人民的无私奉献。通过实践行动引导每一个人将爱家与爱国统一起来，既爱自己的家庭，也爱我们的国家，对人民群众家国意识的增强起到了激励作用，激发了公民的爱国情怀，对全社会形成传承和弘扬家国情怀的良好氛围产生了积极影响。例如，一些基层党组织通过组织党员干部进行参观革命烈士纪念馆等活动，追思历史、缅怀革命先烈，体会英烈爱家爱国、视死如归的大无畏精神，激发了广大人民群众共同致敬革命英雄的爱国情怀。

党员干部弘扬家国情怀，会使广大人民群众受到激励和鼓舞，对家庭、国家、民族和社会产生浓厚的感情，逐渐形成稳定的家国意识和深厚的家国情怀。同时，党员干部对家风建设和弘扬家国情怀的重视，也使得我国家风、家规、家训等资源得到进一步发掘和利用。家风又称"门风"，可以理解为家庭的作风、传统、文化，是一个家庭或者家族世代相传的价值准则及处世方法，体现着家庭、家族成员的精神风貌、道德品质等。家风作为一种精神力量，具有强大的感染力，既能在思想道德上约束家庭成员，又能促使良好家庭氛围的形成，对家族传承和民族发展都起到重要作用。所谓家规，就是指一个家庭所规定的对所有家庭成员都具有约束力的行为规范。我国自古以来就十分重视家训在家庭建设中的作用，家训文化历史悠久，目前发现最早的家训是清华大学藏战国竹简中周文王遗命周武王的《保训》。此外，还有诸葛亮的《诫子书》和《诫外甥书》、颜之推的《颜氏家训》、朱柏庐的《朱子家训》、李毓秀的《弟子规》、曾国藩的《曾国藩家书》等，都是中国家训文化的重要组成部分，用文字传递出我国优秀家风的价值底蕴，为新时代家庭建设提供了有益启示。如今，从家庭到学校再到整个社会，都注重家风家训的建设。其中，家庭作为家风建设的主场，发挥着不可忽视的作用，每一个家庭哪怕没有形成体系的家规家训，也会以口头传授等方式向所有家庭成员传递适用于自己家庭的行为规范。在学校层面，我国儿童从小接受中华优秀传统家风家训文化的熏陶，如孟母三迁、岳母刺字等，在接受素质教育的同时增强了家国意识。在社会层面，我国通过各种传播媒介宣传优秀家风家训，如在人民网以"家风"为关键词进行检索，可得 15000 余条结果；以"家训"为关键词，可检索到近 4000 篇文章，以上数据都能够表明目前家风家训在全社会范围内得到广泛重视。

此外，当前社会上开展了一系列有关家国情怀的展览活动，如中国国家博物馆于 2022 年 6 月 8 日举办的"人格的力量——中国共产党人的家国情怀"展览，以中国共产党人的家国情怀为主题，充分挖掘馆藏革命文物资源，包括各个历史时期中国共产党人饱含家国情怀的家书、手稿等珍贵文献和各类实物，共 170 余件，通过四个主题单元，有助于引导人们深入理解不同历史时期中国共产党人的家国情怀。2023 年 2 月，在中央档案馆国家档案局的指导下，江苏、浙江、安徽、上海三省一市档案局和档案馆也联合主办了"书信家国尺牍情深——弘扬伟大建党精神·长三角档案联展"，汇集长三角地区 70 余家档案和文博部门珍藏的 170 余件家书、日记等手迹档案以及近 200 张珍贵历史图片，通过这一封封家书、一帧帧照片和一页页日记，充分展现出中国共产党人的家国情怀。这一系列展览，是在全社会弘扬家国情怀的重要举措，为党员干部进一步弘扬家国情怀营造了良好的社会氛围。

（二）新时代党员干部弘扬家国情怀存在的问题

广大党员干部始终恪守"为中国人民谋幸福，为中华民族谋复兴"的初心使命，整体上在弘扬家国情怀方面作出了很大努力。但还有部分党员干部的个人修养有待提高，对家国情怀的弘扬不够重视，家风建设有待加强，家教不严。

1. 个人修养有待提高

当前，广大党员干部的思想观念存在差异，干部素质也参差不齐，某些党员干部个人修养亟待提高。一个人对事物认识的深刻程度及其工作能力，往往取决于自己的学识和阅历。当前的年轻干部大多接受过高等教育，是不折不扣的高素质人才，但是缺乏阅历和有效的工作方法，视野不够开阔，不善于调查研究，难免束手束脚，面对挑战信心不足。而部分年龄比较大的领导干部，在想问题、办事情时过于依赖自己的经验和习惯，不学习新知识，思想观念陈旧落后，创新意识不强，不创新工作方法，不能与时俱进。这两种情况都会导致党员干部的思想道德素质和科学文化修养无法适应时代需要，不能更好地弘扬家国情怀。

党员干部涵养家国情怀，除了爱家爱国，还要爱民。然而，当前部分党员干部在思想上不重视家国情怀的弘扬，对弘扬的内容、方式、力度等等理解有偏差，甚至在实际工作中遇事推诿，为民服务意识不够强，服务质量差，在基层工作中脱离群众。此外，近年来在市场经济影响下，部分党员干部出现讲排场、比阔气、爱面子等问题，甚至严重违反党的政治纪律、组织纪律、廉洁纪律和生活纪律，如辽宁省政协原党组副书记、副主席孙远良无视中央八项规定精神，违规收受礼金，在干部选拔任用工作中为他人谋利，严重破坏任职地区和单位的政治生态，道德败坏，搞权色、钱色、权钱交易。缺乏自律、自身不正的党员干部，无法发挥先锋模范带头作用，更无法弘扬家国情怀。

2.家风建设有待加强

在党员干部自身厚植家国情怀并在全社会弘扬家国情怀的过程中，家风建设是个大问题，党员干部的家风正不正关乎家国情怀能否弘扬好。党员干部自身的良好言行会对亲属产生示范、引领作用，同时，加强对亲属的家国情怀教育也对树立良好家风至关重要。

目前，我国党员干部在弘扬家国情怀方面对家庭成员要求不够明确，家风意识淡化，家教不严。一些党员干部抱着一人做官、全家沾光的想法，利用公权力为亲属的经营活动"行方便"，帮助他们加官晋爵、肆意敛财；部分党员干部缺失对亲属子女的教育，缺乏对他们道德、行为的约束，默许纵容亲属利用自己的职权影响力谋利，或者和同是领导干部的亲属相互照应、裹挟，将贪腐变成了一种"家庭经营"方式，导致近年来我国家庭式腐败频发。面对这种一人当官，全家多人涉案的情况，涉事干部往往会解释为"顾家"，但是这种"照顾"却偏离了正确方向，害了整个家庭。企图利用公权力带领家人"一荣俱荣"的行为，不仅自己在贪腐道路上越走越远，还亲手将家人拉到这条路上，最终结果只能是一损俱损，严重危害政治生态和社会公平。

二、新时代党员干部进一步弘扬家国情怀的现实路径

新时代党员干部进一步弘扬家国情怀，有助于推动家风建设，涵养风清气正的政治生态。为此，党员干部应注重知行合一，将家国情怀内化于心、外化于行，立足工作岗位，将家国情怀转化为在岗位上建功立业的具体实践，也要加强家风建设，构建和谐的家庭关系。同时，国家与社会层面要构建制度保障，强化监督，为党员干部进一步弘扬家国情怀提供动力。

（一）注重知行合一，将家国情怀内化于心、外化于行

党员干部弘扬家国情怀首先要学习与家国情怀相关的理论知识，当然，也不能仅停留在理论层面。在加强理论学习的同时，还要注重知行合一，凸显实践性，将家国情怀融入本职工作与日常生活之中，做到内化于心、外化于行，坚持带头示范，树立社会正气。

1.加强家国情怀相关理论学习

近年来，全国上下积极开展家风家教主题宣传教育活动，这其实就是在向人们传递家国关系的辩证法思想，涵养广大人民的家国情怀，让大家能够自觉将自身的前途命运与国家、民族的命运紧密相连。尤其是党员干部，要从相关理论学习中汲取精神力量，带头弘扬家国情怀，推动实现使千千万万个家庭成为国家发展、民族进步、社会和谐的重要基点，成为人们梦想起航的地方的美好愿景。

坚定理想信念，离不开彻底的思想理论，为此，党员干部要深入学习马克思主义"真经"，研读马克思主义经典著作，原原本本地读原著。在读原著的基础上，要利用好《人民日报》、学习强国、中国共产党新闻网、习近平系列重要讲话数据库等资源和平台，系统研读习近平总书记的重要讲话及相关文章，并深入学习《党章》《关于新形势下党内政

治生活的若干准则》《中国共产党党内监督条例》《中国共产党问责条例》《中国共产党廉洁自律准则》等党的制度法规。同时，加强对党史和先进典型的学习，并利用"三严三实""两学一做""不忘初心、牢记使命"等主题教育活动契机，深化学习成果，做到真正学深悟透。

2.将家国情怀融入日常工作与生活

"家"与"国"从来就不是一道选择题，若心中有家国，家就是国，国就是家。作为党员干部，应将人民对美好生活的向往作为自己的奋斗目标，兼顾好家与国，以家国情怀托举复兴使命，做到常怀爱民之心、常思兴国之道、常念复兴之志。新时代的党员干部，不仅需要涵养家国情怀，更要将家国情怀融入日常的工作与生活中，在工作岗位上苦干实干、履职尽责，在生活中心系家国、勇担使命。切实地将自身命运与国家命运相统一，将个人价值寄托于为国为民勇毅前行的事业中，舍小家为大家，为实现中华民族伟大复兴的中国梦接续奋斗。

家国情怀不需要高调，党员干部不需要特地去证明自己有多么深厚的家国情怀，只要在自己的工作岗位上做好本职工作，在生活中处理好家庭关系、与人民群众的关系，默默地为国尽力、为民服务、无私奉献，在大风大浪面前敢于站出来，愿为国为民负重前行，便是中国共产党人家国情怀的最好诠释。为此，党员干部要注重知行合一，把浓厚的家国情怀投入工作与生活中。习近平总书记指出，实事求是是"中国共产党人应该遵循的思想方法"[1]，党员干部在工作和日常生活中，第一，就是要始终保持实事求是的态度，发扬务实精神，善于总结规律，善用调查研究的方法，避免主观上的盲目、急躁、冒进。第二，立足工作岗位，敬仰民意，多多深入基层，倾听老百姓的心声，如暖气热不热、饮用水和食品安不安全、就业医疗有没有保障等。针对百姓生活中最在乎的"烦心事"，采取合理的对策，让他们真真切切地看到整改效果。第三，既发扬优秀传统，又不断学习新技能。全体党员干部应该在日常工

---

①习近平.习近平谈治国理政：第3卷[M].北京：外文出版社，2021.

作和生活中继续发扬以往的优良传统，保持好的工作惯例，同时跟上时代的步伐，保持积极的学习心态，不断学习新技能，如新媒体技术，推进"互联网+"政务服务工作，使为人民服务的效能达到最大化。第四，注重对自身的省察。党员干部要时刻反省自己，在人前人后是否一个样，在工作时间内外是否一个样，并常常对照受到党纪政务处分的反面典型，深刻反思，做到防微杜渐，洁身自好。

3.坚持带头示范，树立社会正气

党员干部弘扬家国情怀最关键的在于立足岗位，将家国情怀转化为岗位建功的具体实践，能够牢记初心使命，做好本职工作，坚持带头示范，树立社会正气。

自2019年6月起，全党自上而下分两批开展了"不忘初心、牢记使命"主题教育，这场主题教育以"守初心、担使命，找差距、抓落实"为总要求。牢记初心使命就是新时代的家国情怀，开展主题教育活动实质上就是弘扬共产党人的家国情怀。我们党的初心使命和家国情怀具有内在联系，习近平总书记在党的二十大报告中提出"中国共产党是为中国人民谋幸福、为中华民族谋复兴的党，也是为人类谋进步、为世界谋大同的党"[1]。可见，中国共产党的初心使命增添了新的内涵，即为人类谋进步、为世界谋大同，充分彰显了中国共产党人"胸怀天下"的家国情怀。党员干部牢记初心使命，就要始终当好新时代的"两个先锋队"，将家国情怀落实到解决群众实际问题上。家国情怀并不是抽象的，党员干部爱国爱民不是说说就行，而是体现在能够在自己的工作岗位上踏踏实实为民服务，补足民生短板，努力增加人民群众的幸福感、获得感和安全感。同时，人民群众也是党员干部践行初心使命成效好坏的评判者，习近平总书记强调"党员、干部初心变没变、使命记得牢不牢，要由群众来评价"。因此，党员干部无论是弘扬家国情怀，还是践行初

---

①习近平.高举中国特色社会主义伟大旗帜 为全面建设社会主义现代化国家而团结奋斗——在中国共产党第二十次全国代表大会上的报告(节选)[J].天津市工会管理干部学院学报,2022(4):1-3.

心使命，都要多听群众意见，并在人民群众中间带好头，切实发挥示范引领作用。

党员干部尤其是领导干部带头是一种无声的榜样力量，会对其他党员干部和广大人民群众起到引领和导向作用，在很大程度上决定着工作成效。俗话说"老大难，老大难，老大一抓就不难"，党员干部的亲身示范比喊多少次口号都管用。党员干部要做好弘扬家国情怀的表率，树立标杆，通过上级带下级，一级抓一级，层层抓落实，在全党营造弘扬家国情怀的良好氛围，进而树立社会正气。新时代要在全社会大力弘扬家国情怀，关键是发挥党员干部群体的带头示范作用。坚持自上而下、以点带面，发挥"头雁效应"，让广大人民群众在潜移默化中接受家国情怀教育，厚植家国情怀。

（二）加强家风建设，构建和谐的家庭关系

党员干部的家风好坏不是一般意义上的家庭小事，而是直接关系到党员干部自身形象、党和国家形象以及党风、政风、民风好坏的大事。党员干部爱家也要管家，只有在以身作则、树立榜样的基础上，将家国情怀注入家庭教育中，加强对亲属子女的家国情怀教育，才能培育良好家风，构建和谐的家庭关系，并以家风促党风政风，为弘扬家国情怀营造良好社会氛围。

1.以身作则，发挥家庭榜样作用

所谓"修身齐家"，即先修身、后齐家，党员干部建设和谐家庭的前提是加强自身修养，做好家属的榜样，充分发挥示范带头作用。"其身正，不令而行"（出自《论语·子路》），党员干部作为家人的榜样，只有以身作则，自始至终做到言行一致、表里如一，才能树立威信，说话做事才会具有说服力和感召力。建设良好家风，贵在言传身教，党员干部要主动摒弃自身陋习，自查自省，能抵御各种诱惑，做到身端影正，用自身实际行动为家人树立好榜样，从而引领家人做好家风建设，在家庭中树立遵纪守法、爱家爱国、尚俭戒奢、清正廉洁、勇于担当的好风气。

广大党员干部要从自身做起，坚守高尚道德情操，做到品行端正，清清白白做人、干干净净做事，做家属子女的表率，潜移默化地发挥关键少数引领大多数的榜样作用，引领家人共同建设良好家风。第一，党员干部要以国家法律和党内法规为底线，强化法律意识，严守国家的各项法律法规，并始终将党章作为根本准绳，坚定不移执行党章规定要做的，坚决摒弃党章规定不能做的，自觉遵守、执行党在政治、组织、群众、生活等方面的纪律，正身立德。第二，党员干部要净化"朋友圈"，守住交友的底线。党员干部作为社会中的一员，也需要交友，但是他们在与人交往、处理社会关系时，必须高度警觉，把握尺度，真正做到在"明处"交友、说话、办事，多与人民群众做朋友，也要经常到学生中去、同他们交朋友。同时，党员干部应时刻监督家人的交友是否有原则、有底线，提醒他们多交益友、不交损友。

2.将家国情怀注入家庭教育

家庭是人们精神成长的沃土，弘扬家国情怀的逻辑起点在于将家国情怀注入家庭教育，涵养好家风、养成好家教。千百年来，中华民族始终崇尚家国大义，坚持"小家"与"大家"，即家庭与国家命运相系，家国情怀已经内化为中华民族的品格，成为推动中华民族伟大复兴的精神力量，也成为家风家教中不可或缺的内容。党员干部只有将家国情怀注入家庭教育，才会使家教发挥更大的作用，才能培育家庭成员的家国情怀，进一步推进弘扬家国情怀。

我们党历来重视对中华民族优秀传统家风和红色家风的传承与弘扬，注重将对国家、民族、人民的深情大爱融入党员干部的家庭家教家风中，党员干部的家风家教如何，体现着其精神状态和价值追求是否积极向上，只有不断继承、弘扬中华优秀传统文化中的优良家风文化和革命前辈的红色家风，重视将家国情怀注入家庭教育中，才能管好自己和家人，做到始终为大公、守大义、求大我，建设新时代的优良家风。家庭成员的家国情怀影响家风，家风影响党风、政风、社风，党员干部肩负为国尽责、为民奉献的使命与担当，能否将家国情怀注入家庭教育中，不是个人小事、家庭私事，而是影响党和国家事业的大事，不是选做题，而是必答题。只要党员干部带头把自己的个人理想和家庭幸福融入实现人民美好生活以及党和国家事业发展之中，积极做好这道必答题，就一定能推动爱家爱国、舍家为国的家国情怀持续弘扬。

党员干部在注重以身作则、做好表率的基础上，要认真学习习近平总书记关于家庭家教家风建设的重要论述，摒弃封妻荫子、迁就祖护或是撒手不管的不良家风，主动尽好教育引导及提醒监督之责，潜移默化地在家庭教育中注入家国情怀，给家人传递正确的世界观、人生观、价值观。为此，要严格立好家规、管好家人、正好家风，以严治家，不断厚植家国情怀的底色。中国人自古以来就讲求"国有国法，家有家规"，国法可保证社会有序运行，同理，家规也可保证一个家庭的家风之正，关系到家庭成员的幸福和命运。虽然随着时代发展，过去四世同堂、合族而居的大家庭模式已经发生巨大变迁，取而代之的是"三口小家"，从前的严格家规也显得与当代生活格格不入。但是传统家规中蕴含的如修身立德、勤俭节约、清正廉洁等思想精髓永远不会过时，党员干部赓续传统，主动学习、借鉴古今圣贤的家规家训，根据自己家庭的具体情况制定一些具有针对性、约束力的家规，是十分必要的。同时，习惯成自然，一个人的行为仅仅靠法律法规约束是不够的，更要靠从小到大的家规管束、家庭教育、家风涵育，起到潜移默化的作用。党员干部在家庭教育中渗透家国情怀，通过制定家规的方式对家人形成约束，可以激励家庭成员做到忠诚、干净、担当，涵育向上向善、清正廉洁的家风。所以，新时代党员干部要重视家规建设，加强对亲属子女的家国情怀教育。

家国情怀不是虚无缥缈的，只有在实践中才能彰显其价值。当前，面对新形势新任务新挑战，更需要党员干部在家庭教育中注入家国情怀，进一步增强家人的家国情怀，增强爱国奉献的责任感和使命感，使每一名家庭成员都能把个人理想目标与国家前途命运相结合，把对国家的热爱落实到具体行动上。党员干部要带领亲属子女学习优秀革命家庭的家训、家规、家书，传承中华传统文化中的优秀家规文化和中国共产党人的红色家风文化，汲取其中的精华和养分，为制定合理有效的家规奠定深厚基础。当然，制定家规不是一蹴而就的，需要循序渐进、凝聚内外合力，不断构思，通过家庭会议与家庭成员认真商讨进而达成共识，制定出具有约束力且符合家庭特点的家规，并在实践中不断完善、补充。党员干部的家庭制定家规时，要以党纪国法为准绳，对照党章党规党纪与其他相关规章制度，以遵纪守法为前提，明确禁止家庭成员做什么。此外，制定家规要与时俱进，结合新时代这一大背景的客观要求，化抽象为形象，力求通俗易懂，注重可行性。

3.以良好家风推动党风、政风、社风向上向善

家风与党风、政风、社风都有着密切联系，是一种相互影响、相互促进的关系。家风正，可以为党风、政风、社风增光添彩，"小家"好了，"大家"才会好，每个家庭，形成"孝"的家风，延伸到国家、社会层面就会成为一种道德标准和价值取向，使整个社会自然而然推崇孝道。同样，党风、政风、社风向上向善也会促进家风建设。

党员干部地位特殊，其家风是党风、政风、社风的风向标，直接关系到党员干部的人格与作风，关系到党和国家的形象。党员干部一旦治家不严，出现家风败坏问题，不但会导致自己和家人走上违纪违法的道路，也会严重败坏党风、政风、社风，最终害己、害家、误党、伤国、损民。从近年来各级纪检监察机关查处的党员领导干部违纪违法案件来看，很多党员干部腐败的根源都在于家风不正，缺乏对权力和亲情关系的正确把握。部分党员干部在亲情考验面前失去了理智，为了"照顾""补偿"家人，擅自动用权力，在经商、升官等方面"开后门"，甚至出现"家庭式腐败"现象，带坏了党风、政风，严重破坏社会风气，损害党和国家的形象，也毁了自己和整个家庭。为了避免这种情况，弘扬家

国情怀、建设良好家风不能只停留在理论宣传、口头告诫上，而要体现于具体的言行中，一项一项落实到具体的事上。由党员干部带动全社会建设良好家风，从而带动党风、政风、社风向上向善。

家风是一种无言的教育，潜移默化地影响着家庭成员的心灵和精神，对于弘扬家国情怀、弘扬社会主义核心价值观具有直接作用。优良的家风滋养着人们的家国情怀，让人们在实际行动中做到爱国爱家，也推动社会主义核心价值观融入人们的日常生活中，体现在人人躬行中，能够达到精神上"深入"、行动上"浅出"的效果。若家家都能形成优良家风，社会风气也会"乾坤大挪移"。当前，要进一步建设新时代家风，推动党风、政风、社风持续向好，首先就要发挥党员干部的表率作用。党员干部要带头重视家风建设和家庭教育，制定严格有效的家规家训，管理好自己的家庭成员，树立良好家风，为千千万万个家庭做好表率。其次要加强家风建设的宣传教育，让全体社会成员对家风有正确的认识，并在传承良好家风的同时积极弘扬家国情怀，自觉将家国情怀融入各自家庭的家规、家训和家庭教育之中，提升家庭成员的道德素质。最后要结合新时代发展的现实要求，深入研究传统家风文化并实现其创造性转化和创新性发展，摒弃其中不符合时代要求的糟粕，大力弘扬其中的优良风尚，让广大人民群众成为优良家风的建设者和受益者。同时，可以在全国范围内广泛开展写家训、晒家规、育家风等多种形式的主题活动，利用新闻媒体特别是网络媒体加以宣传。在春节、元宵节、清明节、端午节等传统节日时，可以充分挖掘节日背后蕴含的家国情怀，激发党员干部弘扬家国情怀的行动自觉，营造创建良好家风的社会氛围，让良好家风在每个社会成员心中生根发芽。

（三）构建制度保障，强化社会监督

弘扬家国情怀无法一蹴而就，往往是潜移默化的，不能只停留在宣传教育层面，应该形成具有实际约束力的监管机制，完善相关制度，构建制度保障，加强制度性干预。同时，需要凝聚社会力量，强化社会监督，促使党员干部高度重视厚植家国情怀，将外部的监督压力转化为弘扬家国情怀的内在动力。

1.完善相关制度，构建制度保障

党员干部弘扬家国情怀不是说说而已，必须落到实处，为此，则需完善相关制度建设，构建制度保障。与普通群众不同，党员干部的家国情怀侧重于在工作岗位上清正廉洁、为民服务，可以制定相关规定，从制度上明确党员干部家国情怀的具体内涵和评价体系。

第一，要进一步完善个人有关事项报告制度。由相关部门对报告内容的真实性进行严格把关，如党员干部申报财产时，报告内容应涵盖自己和家庭成员的职业、投资、缴税情况以及拥有的动产、不动产、债务等，相关部门对此要定期抽查核实。发现有漏填、错填的情况要及时反馈填报人进行改正，并要求作出说明；对于瞒报、虚报等情节严重者，应对其进行通报批评，记入档案；情节特别严重者，须对其进行处分并移交司法机关处理。并在个人事项报告中增加家风内容，对党员干部的家风建设从严要求。

第二，建立健全问责机制。党员干部既然掌握了一定的公权力，就一定担负着相应的责任，失责就必然要被问责。当前，少数党员干部的家国情怀有所淡化或缺失，个人主义思想膨胀，只顾自己利益和家庭利益，事不关己、高高挂起，漠视群众利益，甚至与民争利。对于家国情怀淡化的党员干部，组织要及时提醒，督促其及时改正；而对于一些家国情怀缺失、严重损害党和国家形象的党员干部，不仅要在道德上予以谴责，还要进行政治问责。要不断完善问责机制，促进问责工作规范化，坚持失责必究、问责必严，做到精准问责，根据情节轻重对责任主体进行分程度问责，如情节较轻、影响较小的情况可以采取诫勉谈话、书面检讨的方式，但行为恶劣、造成严重影响和后果的要根据相关法律法规给予通报处分。

第三，完善党员干部的选拔任用制度和考评机制。聚焦德才兼备、家风端正者、家国情怀浓厚者为先的选人用人标准，并将其落实到党员干部日常考核、选拔任用等各个环节中，明确什么样的人能用、什么样的人不能用。探索建立家国情怀负面清单，采取定期检查和不定期抽查相结合的方式，对于家国情怀淡化的党员干部及时提醒。相关部门对党员干部进行考核时，要坚持问题导向，在弄清楚"考核什么、怎么考核"的基础上，落实民主集中制，坚持个人总结和民主测评相结合，定量与定性相结合，家国情怀浓厚加分，家国情怀淡化则减分。同时，积极拓宽考察党员干部的渠道和方法，可以考虑定期去被考察对象所在的街道或社区进行走访调查，听取党员干部的家属意见、邻里意见以及社区评价，全面考察党员干部的行为表现，将考察结果作为其奖励、调动、晋升的重要依据，进而不断完善党员干部的考核评价机制，力求打造具有深厚家国情怀的新时代党员干部队伍。

第四，进一步健全监督机制。要补齐监督机制短板，进一步细化党内监督的相关条例，因人、因时、因地细化监督环节要素，完善相关监督流程，确保权力公开透明。做到以点带面、以试点推广到全国，实事求是，在实践中加以完善，切实发挥监督机制的作用。

2.凝聚群众力量，强化社会监督

除了完善以上一系列制度以外，还要重视来自广大人民群众的外部约束力量，凝聚群众力量，强化社会监督。拓展、延伸群众的监督渠道，充分发挥社会监督覆盖面广的优势，让党员干部接受人民群众和大众媒体的无死角监督，做到能够让权力真正地在阳光下运行。

社会监督的前提是知情，而知情的基础是党务政务公开，因此，要创新公开形式，利用党务政务网站、微博、公众号、群组等线上载体，在不涉密、不泄露党员干部个人隐私的前提下，向广大人民群众公开传达党务政务信息，以凝聚群众的监督力量。事后，根据群众的相关意见和建议，做到桩桩有着落、件件有回音，从而提高群众的监督热情，加强对党员干部的监督效果。也可以鼓励党员干部的街坊邻里、身边工作人员时刻监督其言行，发现问题主动提醒、及时举报，促使党员干部高度重视厚植自己的家国情怀，自觉将外部监督压力转化为严以修身、严谨治家、为国尽责、为民服务的内在动力。此外，目前来说，舆论监督的力量也是不容小觑的，各大新闻媒体平台和新闻媒体工作者应坚持正确的舆论导向，遵守职业道德。对于具有浓厚家国情怀的党员干部要通过各种平台，采取多样化的形式积极宣传，如晒家书、制作专题片、进行微宣讲等；而对家国情怀缺失、被通报批评的党员干部，也要客观公正地去评价，主要强化警示作用。

第三节　互联网视域下爱国影视文化对党校教学培训的影响

作为现代新型的传媒文化，互联网背景下的爱国影视凭借其独特的文化与表现方式，对当代党校生这一特殊的受众群体产生了广泛而深刻的影响。这种影响既有其积极的一面，也有其消极的一面。这就自然提出了一个问题：在互联网背景下的爱国影视时代如何开展党校生的思想教育工作，以回应互联网背景下的爱国影视时代带来的种种机遇和挑战。

一、互联网背景下的爱国影视文化对当代党校生思想教育的积极影响

互联网背景下的影视文化凭借其叙述引人入胜的故事、塑造性格鲜明的人物形象、展示丰富多彩的生活场景以及强烈的视听效果等艺术手法，仍成为大众文化消费的首选。具体来说，互联网背景下的爱国影视对党校生思想教育的积极和正面影响主要表现在以下几个方面：

（一）拓展了时空，丰富了资源

互联网背景下的爱国影视具有超越时空的特性，在自由开放、高速

运转的互联网背景下的爱国影视世界里，由一部电影就可挥洒自如地演绎超越时空、连接过去、现在和未来的故事情节，思想工作者如能运用互联网背景下的爱国影视这种方式，向党校生传授思想教育内容，引导他们参与思想教育论坛，接受各种思想教育的辅导，这就摆脱了耳提面授的传统教育模式的诸多限制，极大地拓展了思想教育工作的时空。现代一些党课校园通过观看影片、写观后感以及知名教授对影片的讲解都是对此理论的现实运用。

（二）加强了爱国主义教育

互联网背景下的爱国主义教育是党校德育工作的核心内容之一。近几年来，各级党委、政府和教育部门在加强对党校生的爱国主义教育方面做了大量工作，创造和积累了许多好的经验。其中运用影视形式对党校生进行爱国主义教育，是行之有效的方法。优秀的爱国主义影视片蕴藏着丰富的思想、艺术内涵，具有形象、直观、生动、可信、感染力强的特点，深受党校生的欢迎。当代党校生在欣赏这些爱国主义的影视文化中（如《英雄儿女》《董存瑞》《地道战》《雷锋》《焦裕禄》《孔繁森》《我的1919》《任长霞》等），激发了爱国主义情感和理想主义情怀。

（三）强化了党校生知识观念的更新

作为党校生社会生活体验的主要环境，家庭、学校在促进他们身心发育、智力发展和品德形成上有着巨大影响作用，但这种生活体验往往比较狭窄单一。由于党校生年龄和学习生活的特殊性，其社会生活体验往往受到众多局限。互联网背景下的爱国影视作为现代新型传媒文化，从根本上消除了物理空间和社会空间的阻隔，它不仅仅是一种娱乐工具，还是塑造现代人心灵、改变整个生活情境的新生力量。互联网背景下的爱国影视丰富了党校生进行社会体验的范围，为党校生体验社会生活提供了新的社会环境。

二、互联网背景下的爱国影视文化对当代党校生思想教育的消极影响

互联网背景下的爱国影视信息在改革开放之后由信息匮乏走向信息充裕乃至信息过剩，海外影视信息通过合法与不合法的手段、途径漂洋过海登陆中国。这些互联网背景下的爱国影视信息不仅仅过剩，而且其中还有很多是腐朽、颓废、暴力等的信息，这些信息给当代党校生的身心健康带来了巨大的消极和负面影响。[①]具体表现为：

（一）互联网背景下的爱国影视信息的虚拟性

人们的道德关系在于现实的真实世界之中，在现实的世界原本不存在任何的虚拟性。然而由于互联网背景下的爱国影视世界的多样性、丰富性，为当代党校生提供了一个超越现实的虚拟的互联网背景下的爱国影视世界，它在为党校生提供一些不可取信息的同时，也给当代党校生提供了一些不可取的行为模式范本，如互联网背景下的爱国影视信息中的那些暴力倾向、古怪的行为模式等。党校生在寝室、影院、网上观看互联网背景下的爱国影视信息的时候，凭的全是个人的道德自律行事，在互联网背景下的爱国影视信息中，党校生可以摆脱成人的约束，松弛禁忌。

（二）沉迷于互联网背景下的爱国影视虚拟世界易导致党校生疏远现实的人际关系

由于一些党校生对现实的不满，遭受挫折打击，产生消极厌世的情绪。他们选择互联网背景下的爱国影视世界来逃避现实，再加上互联网背景下的爱国影视世界那些故事情节的完美性，如爱情片是演绎得如此完满，恐怖片是如此的刺激与惊心动魄，如此这些对他们都有着巨大的吸引力。因此就有了党校生沉迷于其中、乐此不疲，四、六级英语考试的压力，考研的压力，找工作的压力，现实中人际关系的失败，这些都

---

①郭晟豪,王皓铎.网络媒体接触何以影响青年的家国情怀:对不同年龄层次青年网民的分析[J].岳麓公共治理,2023,2(04):58-71.

导致学员沉迷于互联网背景下的爱国影视世界之中。减少了人与人之间的现实交往，这样便导致人际关系隔阂更大、压力更大。因此，他们不得不再到互联网背景下的爱国影视世界当中去寻找慰藉。如此恶性循环，加剧了社会互动性障碍，疏远了现实中的人际关系。

（三）互联网背景下的价值观

互联网背景下的爱国影视大多是以娱乐为目的、以技术为手段、以文化商品生产的方式创造出来的一种为大众喜好的文化形式，凸显的是大众文化和消费文化，其感性的指向和追求愉悦的功能，必然带有娱乐性的特点。如"韩流"作为一种文化现象，其本质特征是世俗的、功利的，它不仅为党校生群体构筑起一种全新的生活方式和行为范本，而且为他们作出最为具体和颇具说服力的引导，改变着他们的认知、情感、思想与心理，潜移默化地影响着他们的生活方式。

第四章　家国情怀融入中学历史实践教学的内容建构

第一节　家国情怀融入中学历史的实践教学意义

一、达成国家立德树人教育总目标的重要途径

立德树人是贯穿于国民教育全部阶段的国家教育总目标，是党和国家对于新时代人才素质提出的总体要求，即希望通过教育，培养出一批有家国情怀、有崇高理想、有坚定信念，心怀社会主义核心价值观、坚持"四个自信"、德才兼备的新时代中国特色社会主义事业的建设者和接班人。因此，立德树人教育目标的落实过程也是实现学生的全面发展，形成学生发展核心素养的过程。

但是，近年来，在立德树人教育目标的逐步落实过程中，教育界却出现了几件需要国家、社会及教育相关部门深思的不良事件。2018年，原厦门大学在读博士、中共党员田佳良用微博账号"洁洁良"公开发布错误言论，并产生了恶劣社会影响，最终被开除党籍，予以退学。2020年，中国科学院大学研究生季子越在境外社交平台中发布了涉及南京大屠杀的错误言论，因其行为不仅违反了国家和学校的相关规定，还严重

损害了国家荣誉和民族感情，最终被开除学籍。同年，中国药科大学毕业生许可馨在网络上发表关于疫情的不当言论，引起舆论的轩然大波。2020年10月，据人民网报道，河南一博士被境外组织策反，被国家安全机关查获之后依法处理。

这些事件的主人公都受过良好的教育，大多是名校学生的硕、博士研究生，在学历上是同龄人中的佼佼者。但是，他们在心安理得地享受着党和国家种种福利和优厚待遇的同时，却在网络上用恶毒的口吻侮辱嘲讽自己的祖国和同胞，有才却无德，德不配位。由此可见，我国立德树人的教育目标并未彻底贯彻落实，需要被进一步重视。而中学历史课程中的家国情怀教育，能够帮助学生形成正确的国家观、文化观、世界观等，对于国家培养有良好品质和爱国之心的公民具有重大意义。

二、完成我国复兴之路的重要方式

习近平总书记在中国科学院考察时曾强调，具有强烈的爱国情怀，是对我国科技工作者第一位的要求，科学没有国界，科学家有祖国，广大科技人员必须牢固树立创新科技、服务国家、造福人民的思想，将人生理想融入为实现中华民族伟大复兴中国梦的奋斗之中。由此可见，具有坚定爱国情怀的人才对于实现中华民族伟大复兴中国梦来说至关重要。

第二节　中学历史课程中家国情怀教育实践主要问题及原因分析

一、中学历史课程中家国情怀教育主要问题

虽然家国情怀是历史学科五大核心素养之一，对于学生的国家观、民族观、文化观，树立"四个自信"等方面具有重要的价值和意义。但

是，由于受到现实条件、家国情怀教育实施难度、缺乏外界力量的有力支持和教师队伍整体素质的影响，当前中学历史课程家国情怀教育存在培养流于形式、教育效果不佳、不能充分利用相关资源和家国情怀教学处理方式不合理的问题。

（一）家国情怀的培养流于形式

第一，家国情怀教育不受重视。家国情怀教育作为历史学科五大核心素养之一，在实际教学过程中平均所占时长却不足总课时的10%。其中，在公开课中，教师普遍能够利用相关资源，认真进行家国情怀教育，而在大量的日常课中，教师对家国情怀教育较为忽视，有时仅仅题目讲解时简单带过，有时直接被忽略。第二，家国情怀教育过于形式化。在日常课中，家国情怀教育受到忽视，而在公开课中，相当数量的中学历史教师常常通过"尴尬的五分钟"对学生进行家国情怀教育，即认为选择一首与教学内容相关的诗作，配上一首或悲壮或昂扬的音乐，令学生配乐朗诵，就完成了家国情怀教育。而这种形式主义的做法，无法帮助学生达到历史课程标准中所要求的家国情怀素养水平。

因此，在中学历史教学中，家国情怀教育存在流于形式的问题。

（二）学生对于当前家国情怀教育的认可度不高

第一，课程标准中所要求的家国情怀素养水平达成不理想。第二，学生并不全部认同当前家国情怀教育方式。对于当前中学教师选择的家国情怀教育方式，学生的反馈并不积极。因此，从当前学生家国情怀素养水平和对于家国情怀教学方式的态度来看，家国情怀的教育效果并不理想。

（三）家国情怀教育过程无法充分利用相关资源

中学历史课程家国情怀的培养过程中，教师并不能充分利用、挖掘相关教学资源。第一，大多数教师在家国情怀教育中主要以教材为主，较少引用其他资源。第二，在运用相关教学资源时，教师不能充分挖掘资源的教育价值。因此，在中学历史家国情怀素养教育中，存在教师不能充分利用教学资源的问题。

（四）家国情怀教学处理方式不合理

部分教师在家国情怀教育开展方式方面存在问题。第一，家国情怀教育与其他历史学科核心素养教育割裂。新版历史课程标准中所要求的历史学科五大核心素养需要通过历史教学过程同时达成，但是，通过观察中学历史课堂发现，教师常常单独进行家国情怀教育，这使得家国情怀素养的培养在事实上与其他素养割裂，在一定程度上降低了教学效率。第二，家国情怀教育缺乏系统性。在实际教学过程中，有部分教师并不能依据家国情怀教育的内涵和历史课程标准对家国情怀素养水平的划分，从低水平入手，伴随着课程的逐步开展，系统有效地培养学生的家国情怀素养。使得中学历史课程中的家国情怀素养在整体上缺乏系统性。因此，部分教师对于家国情怀教学的处理方式不当。

二、中学历史课程中家国情怀教育问题的原因分析

（一）受现实条件的局限

当前中学历史课程在家国情怀教育方面有流于形式的倾向。而这种倾向的产生原因主要有以下现实条件的局限。

第一，由于当前教育评价方式局限。对于当前学生、教师来说，尤其是高中，高考是攸关个人命运和未来前途的最重要的考试之一。因此，几乎所有的高中教师、高中生和中学都以在高考中获得优异成绩作为核心教育目标。而家国情怀素养教育是一种内在的情感和素质教育，其水平的高低并不能完全被高考考核。即其水平高低与高考分数并不呈现完全的正相关。同时，根据部分省、市的制度，在高一结束时就要进行包括历史课在内的多门课程的学业水平测试，学习压力较重。所以，受当前中国教育评价方式的局限，家国情怀教育不在当前中学历史课程的重点之中，所以在实际教学中有流于形式的倾向。

第二，受课时安排局限。由于在我国大多数学校，历史课程的排课一般为一周一次，一次2~3节课，并且常常不会和语文、数学、外语一样设置历史早、晚自习。因而在课时有限、教学内容大幅增加的情况下，使得部分教师在教学中急于求成，不仅不能有效与其他四大历史学科核心素养以及其他学科相关内容进行良性互动，甚至选择不合适的教学方法直接对学生进行粗暴的"情感灌输"，从而导致家国情怀教育流于形式的问题。

因此，由于当前教育评价和课时安排的现实性问题，使得中学历史教师和学生的教育时间不足，压力较大，产生了中学历史课程中家国情怀教育流于形式的倾向①。

（二）受家国情怀教育实施难度制约

中学历史课程中家国情怀教育效果不佳主要受家国情怀教育实施难度的影响。

第一，受家国情怀素养本身的教学难度制约。家国情怀是历史学科核心素养中最高层次的素养，是学习和探究历史应具有的社会责任和人文追求。而内在的价值观和情感教育难于知识教学和能力习得，因此，从客观上来说，家国情怀教育难度高于其他四大历史学科核心素养。另外，历史学科核心素养提出时间不长，一线教师仍然需要更多时间对历史学科核心素养、统编教材和新版课程标准进行深入的学习、适应和探索，也因而更加剧了家国情怀的教育难度。

第二，受学情制约。学情是影响教师教学准备、教学设计和教学效果的关键因素，对于高中历史课程来说，教学效果的达成直接受到学生初、高中衔接的影响。由于不同地区的中考制度各不相同，因此不同地区中学历史教师所面对的学生历史基础水平参差不齐。同时，历史知识、历史理解和历史探究能力的培养不仅与家国情怀教育同为历史课程的重要目标，同时更是高考历史的考核重点，教师必须花费历史课程的

---

①李铁柱.浅论高中历史教学中文化自信和家国情怀的培养[J].中学历史教学参考,2023(30):68-70.

大部分时间着力提升学生的相关水平，基础越不好的学生所需学习时间就越多，最终导致家国情怀教育时间的压缩和占用，巧妇难为无米之炊，没有足够的时间直接使得家国情怀教育效果不如人意。

第三，受不正确的教学方式制约。"工欲善其事，必先利其器"，教师对于教学方式的选择直接影响最终的教学效果，同时，与其他核心素养相比，家国情怀的培养更需要借助灵活多变的教学方式。但是，在实际家国情怀教育中，教师所选教学方式种类较少，同时存在部分教学方式与教学内容不适配的问题，从而使得家国情怀教育在课堂中变得更加棘手和困难。

因此，由于在实际教学中受到家国情怀自身难度、学情和不正确的教学方式制约，导致家国情怀的培养效果不佳。

（三）缺乏外界力量的有力支持

在中学历史课程家国情怀教育教学过程中存在未能充分利用相关资源的问题，这个问题的产生与当前中学家国情怀教育缺乏外界力量的有力支持密切相关。

第一，受中国教育传统的影响。中国传统教育一直是"以书本为中心""以课程为中心"开展教学，当前我国的教学模式也不外乎如是。受到我国传统教育理念的影响，中学和校外组织的沟通较少。从而使得校外资源没有渠道进入学校教学之中。第二，缺乏相关政策的影响。目前我国大部分中学没有建立学校和校外组织的合作项目，相关政策仍然有待完善，因此，当中学历史教师想要使用校外资源，或者带领学生去博物馆、历史遗址等地进行校外研究时，无法便捷地获得这些机构的有力帮助，联系过程往往也较为烦琐，教师常有力不从心之感。

因此，由于缺乏外界力量的有力支持，使得中学历史教师在进行教学时无法充分利用、调动相关资源。

（四）受教师队伍整体素质影响

当前我国中学历史课程中的家国情怀教育有易于与其他核心素养割裂的问题，这主要与教师的整体素质、教育理念和教学能力有关。

第一，教师对于家国情怀内涵和意义的理解仍然存在问题。教师对于新课程标准中家国情怀内涵和意义的理解水平与其选择的家国情怀教育方式息息相关。对家国情怀内涵和意义理解不合格的部分教师，在实际进行家国情怀教育时，更倾向于选择与其他素养的培养割裂、流于形式的教学方式。而对家国情怀内涵和意义理解较为深入的教师，则能够较好地在教学中全面培养学生的历史学科核心素养。第二，受到教师的固有教育理念影响。在历史学科核心素养提出之前，教师在进行教学设计时普遍遵循以知识与技能、过程与方法、情感态度与价值观为主要内容的三维目标。其中，情感态度与价值观目标的设计与实施一直是教学的难点，目标达成效果也并不如人意，而家国情怀素养目标是对情感态度和价值观目标的继承、创新和发展，有部分教师受到过去固有观念的影响，因而选择和过去情感态度与价值观类似的教学方式，使得家国情怀素养教育与其他素养教育割裂。

因此，由于教师教育理念和教学能力等方面的原因，导致家国情怀素养与其他核心素养的培养割裂的问题。

第三节　中学历史课程家国情怀教育实践水平
提升策略

中学历史课程在家国情怀教育中表现出强调情感目标、体现学科人文追求、紧随国家主流价值观和要求三个特点，是进行家国情怀教育最主要、最直接的方式，也是培养学生家国情怀素养的主渠道。同时，只有通过家国情怀教育，中学历史课程才能有效实现国家立德树人教育总目标。因此，必须在中学历史课堂教学中通过制定并落实家国情怀教育的基本原则、灵活运用各种教学方法、充分挖掘家国情怀教育素材、提升教师队伍整体水平等策略，才能有效解决当前家国情怀教育中存在的主要问题，提升家国情怀教育水平。

一、制定并落实家国情怀教育的基本原则

当前我国中学历史课程中家国情怀教育存在流于形式的问题。这一问题需要结合家国情怀教育特点，通过制定、落实家国情怀教学原则来进行改善。教学原则是有效进行教学必须遵循且应该始终贯彻于整个教学之中的基本要求和原理，既指导教师的教，也指导学生的学。根据教育学、心理学相关学科知识，中学历史课程家国情怀素养中需要始终贯彻落实科学性和思想性相统一原则、循序渐进原则、启发性原则和联系性原则四大基本原则，以改善和提高当前家国情怀教育水平。

（一）保证科学性和思想性相统一原则

家国情怀教育需要的是兼具科学性和思想性的教学过程，但是由于部分中学历史教师忽视了教学内容科学性和思想性，导致家国情怀教育的意义和价值大打折扣，出现流于形式的问题。因此，历史教师必须保证历史教学的科学性和思想性。科学性和思想性相统一原则是指整个教育教学过程应以马克思主义为指导，使学生形成系统科学的知识体系以及正确的人生观、价值观和世界观。科学性和思想性相统一原则是设计、开展、反思中学历史课程最重要的原则之一。同时，与语文、政治等其他人文学科相比，历史学科具有更高的科学性和思想性要求，所以，思想性和科学性也是历史课程的指导思想。然而，由于在备课时没有高度贯彻科学性和思想性相统一原则，一些年轻教师在历史课堂中曾误用一些具有思想性价值，但却受到学术界质疑，甚至存在历史错误和政治错误的教学资源，就会破坏科学性和思想性相统一原则，从而损害了教学的科学性，最终影响了家国情怀教育效果。

科学性和思想性相统一原则在中学历史家国情怀教育中至关重要。第一，科学性和思想性相统一原则能够帮助教师正确选择教学资源。在信息时代，教师的教学资源来源异常丰富，而筛选标准十分关键，科学性和思想性相统一原则能够帮助教师以科学性和思想性为明确标准正确选择教学资源。教师在选择教学资源时，通过科学性和思想性相统一原则，能够正确筛选、摒弃存在历史错误的资源。第二，科学性和思想性相统一原则是家国情怀教育的重要基础。与过去相比，当前学生的知识来源更加丰富多样。以科学性和思想性为指导的历史课程能够有效帮助学生形成正确的国家观、价值观和人生观等重要人生观念，并能够通过这些观念对历史和时事进行价值判断。以《两次鸦片战争》一课为例，在西方侵略者入侵中国的原因方面，西方国家就存在一些与事实不符的错误说法，学生通过具有科学性和思想性的历史课的学习，能够运用已形成家国情怀素养，从而自行对这些错误言论进行批判和抨击。

因此，教师必须提升自身素养，为学生打造一个科学性和思想性并重的中学历史课堂，从而有效提升学生的家国情怀素养。以《两次鸦片战争》为例，教师可以通过我国相关资料，如《南京条约》《黄埔条约》《望厦条约》等不平等条约的具体内容，林则徐、李鸿章等清朝重要大臣的书信和奏疏，以及陈天华的《警世钟》等相关作品，结合英国报纸、英国政府相关会议记录、档案和英国重要大臣的相关书信和报告，从而使教学资源同时具备科学性和思想性，帮助学生运用唯物史观理解和分析客观史实，了解清政府的腐朽无能和英国侵略者的强取豪夺，促进家国情怀素养的激发与培养。

（二）强调循序渐进原则

当前中学历史课程中家国情怀教育流于形式的原因之一是部分教师的急于求成。《学记》中指出："杂施而不孙，则坏乱而不修。"朱熹也在《读书之要》中认为，"未得乎前，则不敢求乎后，未通乎此，则不敢志乎彼"①。知识的学习、能力的习得和素养的提升都必须遵循循序渐进教育原则，即教育教学活动必须根据学科知识体系、具体教育内容和课程标准的要求进行系统的规划、设计，按照内容和目标的难度循序渐进地开展，以帮助学生最终达成相应学科和学段的基本素养。如果教育教学过程不以循序渐进为基本原则，将会妨碍学生知识体系的形成，也不利于学生综合素养的有效提升。

家国情怀教育的重要目标就是帮助学生通过历史课程的学习，形成正确的国家观、民族观、文化观等价值观念。第一，循序渐进教学原则有助于学生逐步形成家国情怀素养。任何素养的形成都不能一蹴而就，循序渐进教育原则能够帮助学生在历史课程的学习中，由低水平到高水平地形成历史学科核心素养。例如，在教学中，教师先通过相关内容的教学，使学生正确理解和认识自己的家乡、民族、国家、社会主义核心价值观、中华优秀传统文化，接着在理解的基础上使学生产生由衷的认同感，然后在理解并认同之后通过各种教学资源和教学方式的运用，激发学生对于家乡和祖国的热爱。第二，循序渐进教学原则能够有效帮助教师培养学生的价值观念。情感教学一直是教育难题，常常令许多一线教师苦恼。循序渐进原则能够指导教师细化教学目标，用"小步子"的方式使学生形成家国情怀素养。

因此，在中学历史教学中家国情怀素养的培养应遵循循序渐进原则。以《辛亥革命》一课为例，该课家国情怀方面的教学目标为：通过了解以孙中山为首的革命党人为挽救旧中国作出的种种努力和建立中华民国的艰辛，激发学生的爱国情感。同时，通过探究辛亥革命的历史意义和局限，学会汲取历史经验，从而更加客观、全面地认识历史。教师可以这样设计教学：首先从资产阶级民主革命的兴起出发，先帮助学生了解辛亥革命的背景和具体过程，在此过程中感受先人革命事业的不易，为今天强大的祖国而自豪，接着引导学生反思和总结辛亥革命的进步意义

①黎靖德.朱子语类[M].北京：中华书局，2020.

和历史局限，帮助他们学习如何客观地认识历史，最终循序渐进地达成该课家国情怀素养目标。

（三）重视启发性原则

启发性教育原则强调，在教育教学过程中教师要充分发挥主导作用，不断激发学生的学习主动性和积极性，以提高学生自主学习和解决问题的能力。启发性教育原则要求教师必须处理好课堂中教师主导和学生主体之间的关系。部分中学历史教师进行家国情怀教育时，仍然以传递接受式教学方法为主，这种缺乏启发引导过程的教学方式不利于调动学生内心的真实情感，从而事倍功半，使家国情怀教育流于形式，影响了家国情怀的教育效果。

家国情怀教育的内涵是价值观教育，在启发性教育原则的指导下，能够较好地开展家国情怀教育。第一，启发性原则能够调动学生情感。灌输式的教学方式往往并不能成功调动学生的内心情感，甚至有可能引起学生的反感和抵触，而启发性教育原则能够通过设计情境和问题，从而真正激发学生的爱国情感，形成家国情怀素养。第二，启发性原则能够帮助学生进行自主学习。家国情怀素养的培养并不能仅仅依靠时间有限的课堂教学，如果能在有限的课堂教学中教会学生自主学习，那么学生就可以通过课堂之外的大量信息自觉涵养和巩固家国情怀素养，达到事半功倍的效果。

（四）贯彻联系性原则

当前，我国中学历史课程家国情怀教育流于形式的原因之一是历史教师不注重历史学科与其他学科的联系，也不注重家国情怀素养教育与其他历史学科核心素养教育之间的相辅相成的紧密联系。因此，在家国情怀教育中，必须贯彻联系性原则。联系性教学原则反对故步自封的知识观和教学观，认为所有学科知识及其教学过程都不是孤立存在的，而是应该在学习各具体学科知识的同时，不断与其他学科和其他知识来源进行联系。从而打破狭隘的学科壁垒，形成兼容并包的知识观。在中学历史家国情怀教育过程中，部分教师受固有理念影响，将教学局限于历史学科之中，不仅由于不能将书本知识广泛联系现实，导致教学资源的来源变得单调，也由于无法将各学科相互联系而使家国情怀教育效果受到影响。

家国情怀素养的培养需要在联系性原则的指导下开展。第一，在联系性原则的指导下，家国情怀教育能够加强理论和实际之间的联系。纯粹理论和距离学生生活实际较远的学习内容很难真正激发学生的爱国情感。如果教师仅仅通过课堂教学和历史史料，很难直接达成目标，但在联系性教育原则的指导下，通过开展相关研究活动，关注学生的实际生活，让学生从自己的姓氏和家乡的认识出发逐步培养对祖国和人民的深情大爱，从家风出发了解中华优秀传统文化，就能够更好地帮助学生产生发自内心的认同感和热爱之情。第二，联系性教育原则能够促进各学科之间的联系，从而促进家国情怀的培养。家国情怀教育是在历史课程中对于学生正确国家观、民族观、文化观、人生观、世界观的培养。而这些观念教育应贯穿于学校教育的始终，联系性原则能够帮助和提醒教师加强各个学科，特别是语文、政治等人文学科之间的联系，将家国情怀教育不局限于历史学科之中，而是通过运用其他学科的相关资料，帮助学生掌握知识之间相互联系的规律，从而形成家国情怀素养。第三，在现有研究以及教学实践中发现，教师和研究者常常将家国情怀教育与其他四个历史学科核心素养教育割裂，这种误区非常不利于学生历史学科核心素养的最终形成，而联系性原则能够促进家国情怀素养教育与其他历史学科核心素养的深度融合，从而改善当前家国情怀教育流于形式的问题。

二、灵活运用各种教学方法

教学方法是教师为了完成教学任务，在教学原则的指导下，依据具体教学内容和学情所选择的方法，既包括教师教的方法，也包括学生学的方法。教学方法的选择和使用对于教育效果具有重要影响。合适的教学方法能够使教学效果达到事半功倍的效果。家国情怀教育是关于情感和价值观念的教育，当前的教学效果并不尽如人意，出现了学生对于家国情怀教育认可度不高的问题，因此通过灵活运用讲授法、谈话法、情境教学法等各种教学方法，能够改善当前家国情怀教育现状，提升教育效果。

（一）通过讲授法高效进行家国情怀教育

讲授法是主要通过教师的语言表达向学生传授知识、培养能力，促进学生综合发展的一种教学方法。尽管讲授法作为具有悠久历史的传统教学方法一直受到当代学界的批评和抨击，但不可否认的是，讲授法具有效率高、灵活性好、有利于教师主导作用的发挥等方面的优势。由于中学历史课程具有教学内容多、教学任务重、授课时间紧的特点，因此，如果能够善用讲授法，将会有效提升家国情怀素养的培养效率。

在家国情怀教育中，教师运用讲授法时，第一，须保证讲授内容的科学性、思想性和系统性。家国情怀教育是为了形成正确的国家观、民族观、文化观，树立"四个自信"，教师应以严谨的教学态度，对课堂中的所有教学资源和所讲授的每一句话负责，以保证课堂的科学性。第二，注意讲授策略和讲授方式的选择。不同的教师通过讲授法教授同样内容时，由于采用了不同的讲授策略和讲授方式，教育效果会大相径庭。因此，在家国情怀教育中，教师需要根据不同的教学内容和素养目标，选择最合适的讲授策略和讲授方式。例如，在分析、研究史料时需要客观理智的语气，而在升华情感时需要饱含感情，从而引起学生的共鸣。第三，注重语言艺术。中国语言博大精深，重视语言艺术的讲授法的使用，会使得原本枯燥、抽象的教学内容妙趣横生。能否成功调动学生的情感是家国情怀教育的关键，如果教师能够有意识地提升自己的语言艺术和表达技巧，就能够通过课堂讲授培养学生的家国情怀素养。

（二）通过谈话法激发家国情怀素养

谈话法是教师为了达成教育目标，根据具体的教学内容对学生进行发问，引导学生思考的教学方法。谈话法不仅能够提高学生的课堂关注度和参与度，还能够通过学生的回答了解学生的知识掌握情况，从而对于后续的教学过程不断进行调整。在家国情怀教育中，谈话法有助于对学生进行启发诱导，使学生通过思考，形成家国情怀素养。

在家国情怀教育中，教师运用谈话法时，第一，精心设计问题。对于谈话法来说，教师根据教学内容和学生实际情况设计的问题是关键，富有启发性的问题不仅能够起到抛砖引玉的效果，而且会引发师生之间的良性互动，从而提升学生的课堂参与度，激发学生真实情感，促进家国情怀素养的形成。第二，及时对学生的回答进行评价和反馈。以培养国家观、文化观等价值观念为主要内涵的家国情怀素养的形成需要通过教师的引导和学生的理解、感悟的过程。因此，在运用谈话法进行家国情怀教育时，教师必须认真聆听学生的回答和反应，并及时进行评价，对于体现正确价值观念的答案进行肯定和表扬，对于价值观念存在误区的答案迅速予以纠正。第三，根据学生回答灵活调整教学策略。在家国情怀教育中使用谈话法有助于因材施教。教师可以通过师生之间的问答，及时了解学生家国情怀素养掌握情况，从而积累教学经验，归纳家国情怀教育规律，以便灵活调整后续教学策略，通过在实践中不断摸索，逐步提升家国情怀教育效果。

（三）通过情境教学法涵养家国情怀素养

情境教学法是指教师为了帮助学生更好地理解教材、掌握知识、习得技能，在教育教学过程中有目的地引入或创设具有一定情感色彩的、生动形象的场景的教学方法。与其他教学方法相比，情境教学法更易于调动学生的真情实感，能够促进学生在教师创设的情境中形成家国情怀素养。

教师通过情境教学法进行家国情怀教育时，第一，充分运用丰富的教学资源。丰富的教学资源是情境教学法成功的关键，捷克教育家夸美纽斯在《大教学论》中说，"一切知识都是从感官开始的"。与仅从白纸黑字中获得知识相比，学生通过"眼观""耳听"等多感官渠道获得的知识和观念会更加深刻，也更容易引起灵魂的共鸣。因此，丰富的教学资源有助于情境的创设，而情境的创设有助于家国情怀教学。第二，关注学生情感的调动和激发。情境教学法的目的是通过帮助学生进入学习情境，开展相关教学活动，完成相关教学任务。因此，衡量情境教学法是否成功，不在于教师情境创设的过程，而在于学生情感的成功调动。当前，有部分教师运用情境教学法时，虽然旁征博引地运用了丰富的教学资源，但是由于所选教学资源和情境距离学生现实生活较远，故而并不能充分调动学生的情感，也就无法促进学生家国情怀素养的形成。由此可见，教师在创设情境中，必须从学生的生活实际和心理、生理发展阶段出发，选择相关资源创设学生易于接受和融入的情境。第三，重视学生的主体地位。在教育教学过程中，教师主要发挥主导作用，而学生是教育的主要对象，也是学习的主体。因此，教师在创设情境进行家国情怀教育时，必须给予学生机会和条件独立感受，从而真正激发出学生对于祖国、民族和中华优秀传统文化的热爱之情。

（四）通过项目式教学法发展家国情怀素养

项目教学法是指在教师的指导下，学生自主搜集材料、设计并实施过程、评价结果，最终完成一个项目的教学法。项目教学法能够充分发挥学生的主体地位，并有效提高学生的自学能力，以及充分调动和发挥学生历史学习的积极性、主动性和创造性。在中学历史教学中，教师可以通过适当改造了的项目式教学法，帮助学生形成家国情怀素养。

项目式教学法的运用能够有效提升学生的参与度和思考积极性。通过项目式教学，学生能够自主进行知识获得、能力习得和观念形成。而且与教师传授的教学方式相比，项目式教学法能够帮助学生对于知识、能力和观念有更加深刻的感受和体会，因而十分有利于家国情怀素养的培养。在使用项目教学法时，第一，教师可以在课堂上组织快速精简的项目式学习。由于课堂时间较为有限，可以由教师直接提供材料，让学生迅速进行项目设计、实施和评价，从而初步了解项目教学过程，为未来独立完成项目奠定基础。第二，可以在课下布置相关任务。教师可以提供学生一个较容易完成的研究主题，在课下用一周至两周时间完成。在学期中的课余时间完成项目，既有利于教师的随时指导、为学生答疑解惑、及时了解学生的项目完成进度，同时也不占用课堂时间，这种方式能够帮助学生及时获得教师的指导和帮助，并在项目的进行过程中不断提高家国情怀素养，从而与课堂中的家国情怀教育相结合，更好地进行家国情怀教育。第三，可以在假期中布置相关任务。学生完成了学期中课堂课下的项目式学习之后，对于项目以及如何做好项目都有了一定的了解和经验。教师可以基于学生的知识储备、基本能力和观念水平等现实条件在寒假、暑假等假期中布置一个中等难度的项目，由学生完成。对学生来说，完成项目的过程不仅是获得知识、提高能力的过程，同时也是价值观念形成的过程。而教师既能通过学生的项目完成情况考查学生的知识、能力和家国情怀素养的实际水平，也能更好地反思自己的教学方法和策略，从而积累教学经验，有效提高家国情怀教育水平。

三、充分挖掘家国情怀教育素材

课程资源既是课程实施的支撑环境，也是课程内容的重要来源，同时也是教学活动的展开条件。丰富的教育素材不仅能够有效提升学生的学习兴趣，还能够全方位地进行家国情怀素养的培养。中学历史课程家国情怀教育存在相关资源不能充分利用的问题，教师应根据不同的教学内容以及不同的家国情怀水平要求，围绕课本资源，充分利用史料资源、影视作品资源、其他相关学科资源、校本课程资源等丰富多样的素材。

（一）坚持课本资源在家国情怀教育中的主体地位

课本是历史课程中最重要的核心素材之一。教师的教和学生的学都主要围绕课本开展和进行。一些教师在家国情怀教学过程中，为了体现创新性，引用了过多的课外资源，这种做法不仅增大了教师的备课难度和时间成本，而且由于一些年轻教师有时不能正确辨别和判断所获资源的科学性和思想性，就会向学生提供一些有误的材料，这种舍本逐末的做法非常得不偿失，严重时甚至会妨碍学生正确观念和核心素养的形成。因此，在家国情怀教育中，教师必须优先使用被专家组和教育部反复验证过了的，具有较高真理性的课本资源，并紧密围绕课本设计、开展教学活动，以课本为主、其他资源为辅。

（二）有效运用史料资源进行家国情怀教育

史料是学习和研究历史的重要材料，通过史料学习，学生能够了解历史的发展过程，建构正确的学科知识体系，并在此基础上形成家国情怀素养。因此，教师在家国情怀教育中不能只令学生对历史事件的前因后果及影响进行死记硬背，而是要通过一定数量的史料，帮助学生提高史料探究能力，并运用史料探究能力培养家国情怀素养。

史料资源对于家国情怀教育的促进作用主要有：第一，史料资源有助于帮助学生从真实史实出发了解中国历史。"认识"是"认同"的基础和前提条件，从史料出发，能够更加客观地认识和了解历史，还原历史面貌，为认同和热爱祖国奠定基础。第二，史料资源有助于展现中华民族优秀传统文化。史料中包含了我国的珍贵文化，有些史料本身就是不可多得的文学著作和艺术品，从相关史料中，学生能够更直观、更深刻地感受我国辉煌灿烂的优秀传统文化和先人的伟大智慧，从而树立文化自信。第三，有助于提高学生的史料分析能力。五大核心素养的培养并不是割裂的，而是共同发展的过程，学生对于史料的分析、理解能力越强，就越能对中国的悠久历史和优秀传统文化有深刻的共鸣和认同，从而更好更快地形成高水平的家国情怀素养。

运用史料资源培养学生家国情怀素养时，教师应注意：第一，优先学习和使用教材提供的史料。第二，选择科学性和思想性兼备的史料。科学性和思想性是家国情怀教育的重要原则，也是历史学科核心素养教育的重要原则，当教师根据教学内容选择课外史料时，应多方查证、细心辨别，保证所选史料的科学性和思想性，以免出现教学失误，影响学生核心素养的形成。第三，选择能够体现历史细节的史料。内容比较细节的史料能够帮助学生更加深刻地感受到历史的真实性，有助于学生通过史料研习，对历史人物所面对的环境和心境有真情实感的认识和了解，不仅帮助他们客观地认识历史，也能够有助于建立"四个自信"。

（三）探索影视作品资源对家国情怀教育的促进作用

丰富多样的影视作品是当今重要的时代特色之一。影视作品以其生动、形象的呈现方式广受青少年学生的喜爱。在家国情怀教育中，真实、客观、感染力强大的影视作品片段能够较好地吸引学生的注意力，生动形象地展示教学内容，从而调动学生感情，以帮助其形成家国情怀素养。

影视作品资源能够有效促进家国情怀素养的培养。第一，影视作品资源的呈现方式更加直观。与文字、语言和图片相比，影视剧片段能够更加直观立体地展现家国情怀相关教学内容，因而可以节省课堂教学的时间，为启发学生形成正确的国家观、民族观、文化观等观念，树立"四个自信"创造条件。第二，影视作品资源有良好的情感渲染能力。优秀的影视作品能够通过精心编排的台词、场景和音乐，引起观众的共鸣和共情。因此，教师可以借助优秀的影视作品中那种直击灵魂的情感力量，调动学生的情感，进行家国情怀教育。第三，影视作品资源广泛受到学生的喜爱。由于影视作品往往有较强的娱乐性，更能吸引人眼球。因此，比起阅读文字、聆听教师的讲授，有相当数量的学生更喜欢观看影视作品，教师可以充分利用这种倾向，以学生喜闻乐见的形式开展家国情怀教育，寓教于乐。

教师运用影视作品资源进行家国情怀教育时，第一，选择广受认可的优秀作品。当前历史题材的影视作品多如牛毛，其中不乏滥竽充数者，这些作品对于还未完全形成家国情怀素养的初学者来说具有一定负面作用。因此，教师应首选那些备受好评的，不歪曲、戏说历史事件和人物的，能较为真实地还原历史面貌的相关作品。第二，选择与教学内容密切相关的影视作品。中华人民共和国成立至今，影视业已拍摄了不少兼具科学性、客观性、观赏性的优秀历史题材作品，但教师教学时间有限，绝不能花费太多时间用于影视作品的展示，而是应该点到即止，结合教材内容，有的放矢地进行截取和播放。第三，选择影视作品时秉持宁缺毋滥原则。尽管影视作品有较好的感染力，能够有效激发学生的情感，培养家国情怀素养。但是由于并不是所有的教学内容都能找到适合的影视剧片段，因此，教师在设计教学时不宜执着于此，应谨记宁缺毋滥原则，有则锦上添花，无则另寻他法。

（四）联系其他学科资源进行家国情怀教育

历史、语文、政治等人文学科之间在教学内容和教学目标方面具有天然的联系。如果能够在家国情怀教育中引导学生回忆、运用在其他学科学习到的知识，能够帮助学生发现学科之间的联系，丰富教师教育资料的来源渠道，从而更好地培养学生的历史学科核心素养。其他学科资源对于家国情怀教育的促进作用主要有：第一，通过帮助学生对知识体系进行融会贯通，从而在多学科知识的共同作用下形成家国情怀素养。孔子曾说，学习要"温故而知新"，注意新旧知识之间的联系，如果教师能够打破思维惯性，将"故"理解为学生所学过的所有知识而不仅仅是本学科相关知识，进行多学科知识的互动，将能够更好地进行家国情怀教育。第二，拓宽教师教学资源的来源渠道。在家国情怀教育中，教师的教学资源主要来自课本、史料和影视资源，如果能有效利用语文、政治等其他学科资源，不仅可以帮助教师丰富教学资源种类，获得更多优质资源，还能为学生呈现更好的课堂教学，最终实现课程标准的相关要求。第三，提高教学效率。情感的调动和价值观念的培养是家国情怀教育的关键，而知识的掌握是家国情怀教育的基础，其他学科资源能够帮助学生更好地理解和掌握历史学科知识，从而为教师提供更多家国情怀教育时间，提高整体教学效率。

教师在家国情怀教育中引用其他学科资源时，第一，应尽量选用学生已学习过、已掌握的相关学科资源。引用其他学科相关资源是为了帮助学生通过建立新旧知识的联系，而更好更快地掌握新知识。例如，通过展示学生耳熟能详的唐诗宋词能够帮助学生理解和认同中华优秀传统文化，而选择学生陌生的其他学科相关知识，则无法达到这种效果。第二，相关资源的展示不应花费太多时间。历史教学理应将学习历史知识视为最重要的目标和任务，相关资源的运用都是达成目标的手段。因此，教师在展示其他学科资源时应尽可能简洁明了，不能花费过多时间关注其他学科知识。第三，应坚持适度原则。在中国近代史相关教学内容中，可以从语文和政治学科中找到较多的有助于学生家国情怀素养培养的资源，教师应依据具体教育目标和教育经验，从中选择出最有助于激发学生家国情怀的资源。

（五）强调地方文化课程资源在家国情怀教育中的重要作用

地方文化课程资源主要包括校本课程资源和地方特色历史课程资源。随着中国教育的不断发展，越来越多的基础教育阶段学校开发出了独具地方和学校特色的校本课程，校本课程是借鉴了英、美等发达国家的教育经验，以学校为主体，由教师结合学生兴趣、学校优势和当地特色文化传统编写设计出来的①。校本课程的出现有助于提升课程多样性以及提升学生学习兴趣，挖掘学生的内在潜力。与校本课程相似，当地图书馆和博物馆等现实资源也可以为学生提供熟悉和接受度较高的相关资源，促进学生家国情怀素养的培养。

校本课程资源及现实资源对于家国情怀教育的促进作用主要有：第一，有利于帮助学生循序渐进地形成家国情怀素养。中国是一个幅员辽阔、历史悠久的国家，有着"百里不同风，千里不同俗"的国情特点，因此，统一使用的各科教材无法兼顾各地区之间的差异，为了解决这一局限，具有地方特色的校本课程和博物馆资源可以帮助学生从了解自己家乡的历史和民俗出发，循序渐进地了解、认同并热爱自己的祖国。第二，有助于帮助学生学会理论联系实际。一些学生因为觉得书本上的历史事件距离自己的实际生活较为遥远，因此无法真情实感地产生共鸣。而校本课程资源中的地方史是真实发生在学生世世代代所生活的土地上的事，博物馆资源也是真实可见的。因此，在历史课程中引入校本课程历史方面内容和博物馆等现实资源就是与学生现实生活结合的过程，能够让学生对陌生的历史产生亲切感和熟悉感，从而唤醒他们的爱国情感，最终形成家国情怀素养，更好地完成课程标准中的相关要求。

教师在教学过程中运用校本课程资源和博物馆资源时，第一，应重视现实资源与教学内容、课程标准的相关性。以地方博物馆为代表的现实资源通常是不可多得的教学资源，但是教师运用校本课程资源中历史相关内容时，必须慎重筛选、核实资料，以实现现实资源和教学内容、课程标准相关要求的完美结合，从而完成新课标中所规定的家国情怀教育目标。第二，应保证历史教材的绝对主体地位。历史教科书是中学历史课堂中最重要的学习对象，在教学过程中，教师必须分清主次关系，不能以校本课程"内容丰富、易于学生理解接受"为由，过多使用校本课程资源，造成本末倒置的情况。

---

①张朝民. 核心素养视域下高中历史校本课程的开发与实施[J]. 中国农村教育，2019(6):63.

四、提升教师队伍整体水平

教师是指受一定社会委托，对受教育者的身心施加一定影响，将受教育者培养成为适应社会需要并能够推动社会发展的专业人员，对教育的效益有着关键的影响力。教师是人类文化的传递者，承担着意义重大、不可替代的社会责任和社会义务。教师是影响教育成败的关键因素，中学历史教师在家国情怀教育中发挥着不可替代的重要作用。当前，中学历史教师在家国情怀教育中存在教学处理方式不合理的情况，应进一步关注教师队伍建设，促进中学历史教师的专业发展。

（一）教师：不断提升自身专业能力，提升家国情怀教育效果

苏联教育家、作家马卡连柯曾说，"教育学是最辩证、最灵活的一种科学，也是最复杂、最多样的一种科学"。教育过程是复杂的、不断变化的，因此，教师必须不断提升自身专业素养，才能够更好地完成教书育人的工作。而家国情怀素养是最高层次的核心素养，也是历史价值观教育的最终归宿，在教学处理方式方面更需要和体现历史教师的深厚专业功底和素质。

提升教师专业能力对于家国情怀教育的促进作用主要体现在：第一，家国情怀教育方式的灵活运用需要专业能力。家国情怀教育方式的运用对于家国情怀教育效果具有重要影响。合适的教育方式会起到抛砖引玉、事半功倍的效果，不恰当的教育方式则造成教学效果不佳。而教育方式的选择和运用需要依靠教师的专业能力和教育智慧。第二，家国情怀教育原则的贯彻体现专业能力。通过研究发现，家国情怀教学过程需要贯彻科学性和思想性相统一原则、循序渐进原则、启发性原则、联系性原则等教学原则，如何在教学中贯彻、体现出这些教学原则，十分考验教师的专业能力和素养。因此，教师必须不断提升自身的专业素养和专业水平。第三，家国情怀教育资源的选择依托专业能力。教育资源的

收集、筛选和使用是教师备课环节的重要工作，也是影响教学效果的关键，只有教师将自己的专业水平提升到一定的高度，才能正确、充分、恰当、巧妙地运用各种教学资源，进行家国情怀教育。

因此，为了更好地进行家国情怀教育，第一，教师应完善自身的历史学科知识体系。当前历史学界和教育学界的发展十分迅速，同时，教师还面临着新版历史课程标准、新版教学目标和新版教科书的挑战。其中，深刻体现国家立德树人教育总目标的家国情怀教育已经成为历史教学中的重点与难点，教师只有通过不断学习，从而依托先进的教育学理论和完善的历史学科知识体系，才能够更好地完成家国情怀教育。第二，教师应提升自己的教学能力。家国情怀素养目标体现的是历史教学中的价值目标，其培养过程难度较高，十分考验教师的教学能力。因此，教师必须通过教学反思、示范课的观摩、其他教师的建议等渠道，不断提高自己的教学能力。第三，教师应不断积累自己的教学经验，形成教学机制。家国情怀教育过程绝不能是一味灌输的过程，而是应该重视运用各种教学方式和资源对学生进行启发引导，在启发引导的互动过程中，需要教师充分发挥教学机制，即根据学生的反馈及时评价和调整教学。因此，教师必须通过教学经验的积累，形成教学机制，并以此更好地开展家国情怀教育。

（二）学校：加强教研团队建设，共筑家国情怀教育模式

优秀的团队能够帮助每个成员获得更好、更快的职业成长。尽管当前中学都设置了"历史教研组""集体备课小组"等教师团队，但不同学校教研团队所发挥的作用和对教师的帮助程度有较大差距。其中，与教研团队管理不佳、相关制度不完善的学校相比，教研团队建设较好、相关制度较为完善的学校，其家国情怀教育水平明显更高，教育效果也更好。由此可见，加强学校教研团队的建设与管理，能够提升学校教师队伍水平，从而更好地开展家国情怀教育。

重视历史教研团队建设，第一，能够集思广益地共同研究如何开展家国情怀教育。俗话说"人心齐，泰山移"，"三人行则必有我师焉"，每个教师都有自己独有的优势，也无法避免地有着欠缺之处，教研团队的组建能够帮助教师在比较中发现自己和他人的优势和不足，从而互相提醒、互相促进，以彼之长，补己之短。通过家国情怀教育水平较高教师的分享，从而帮助团队中所有教师提升家国情怀教育水平。第二，能够帮助年轻教师迅速成长。与过去相比，我国中学历史教师的学历、能力和水平都有着巨大的提升，全国大部分地区在招聘中学历史教师时，都要求应聘人员必须具有中学历史教师资格证以及硕士研究生学历。因此，经过重重筛选、考核后入职的年轻中学教师虽然缺乏实践经验，但往往已经具有了理论基础，并展现出一定的教学能力，而教研团队中具有充分经验的教师和领导能够及时对这些教师的家国情怀教育进行点评和指导，从而弥补年轻教师在经验方面的不足，迅速提升包括家国情怀教育在内的教学能力和水平。第三，能够促进全体教师及时更新教育观念。得益于教育学和历史学界相关研究人员的笔耕不辍，目前，教育学和历史学相关理论的更新换代速度越来越快，而中学教师的工作量、工作压力都较大，容易出现无暇更新教育理论的情况。而教研团队的组建和建设，能够帮助教师通过固定的教研活动，及时学习并更新自己的理论体系和教育观念，提升家国情怀教育质量和水平。

为了加强历史教研团队建设，第一，完善相关教研制度。孟子曾经说过，"不以规矩，不能成方圆"，部分学校虽然设立了"历史教研组"，但是由于没有严格完善的"组规"，而影响了教研组对每个历史教师促进作用的发挥，同时也对该学校家国情怀教育的正面影响较微弱。因此，要加强历史教研团队的建设，首先要制定能够令行禁止的完善制度，以保证教研活动的顺利开展。第二，建立优秀成员激励机制。根据心理学相关知识，激励机制能够有效激发人的潜能，从而提高整个群体的工作热情和工作效率。以家国情怀教育为例，应通过优秀成员激励机制，定期表扬家国情怀教育水平出色的教师，能够提高所有历史教师对于家国情怀教育的重视度和关注度，从而有效改善当前家国情怀教育水平。第三，建立各层级的教研团队。建立层层嵌套的团队有助于开展更多的团队活动。因此，可以建立以学校、地区、县、省（直辖市）、全国层级的历史教研团队，并进一步加强同层级教研团队的合作、交流和沟通，举办以历史学科核心素养培养为主题的相关教学竞赛，帮助教师深入反思如何提升包括家国情怀在内的核心素养教育质量，从而提高核心素养教育整体水平。

（三）教育部门：进一步增加教师培训力度，提升家国情怀教育质量

专门针对历史教师的相关培训对于家国情怀教育的促进作用主要在于：第一，能够快速提高专业水平。通过参加培训发现，有针对性的专门培训对于教师专业素养和专业能力的提高都有很大帮助，同时，部分培训中的"优质课例分享"环节能够帮助教师通过观摩优质课例，学习优秀教师的成功之处，并对自己教学进行反思、总结和提升。第二，能够帮助教师快速适应新课标、新教材。当前，不少一线教师对于统编历史教科书的使用和历史学科素养的培养都存在许多困惑，通过培训中的专家讲座，教师能够快速了解统编历史教材的重难点、使用方式和教学策略，以及家国情怀等历史学科核心素养的内涵和培养目标，从而利用新教材较好地完成包括家国情怀素养在内的历史学科核心素养的教育。第三，能够帮助教师获得教学经验。通过其他历史教师的经验分享，能够帮助其他地区历史教师减少"试错"的过程，从而尽快找到有助于家国情怀素养培养的教育方式。

教育部门在组织中学历史教师培训时，应注意：第一，针对当前中学历史教学主要问题开展教师培训。解决当下历史教学中存在的主要问题是教师培训的主要目的之一。然而，当前历史教师培训大多由大学教

授、专家、学者主导，与一线教学实际结合不够紧密。因此在未来的教师培训中，应进一步结合当前中学历史教学的具体问题，使培训更有针对性。第二，建立中学历史教师进修资源网站。应尽快在全国范围内设立统一的"中学历史进修资源网站"，尽可能地将历史教师在职培训相关信息尽列其中，便于教师进行查找和选择。第三，在组织相关培训时，应进一步向欠发达地区的教师倾斜，使其获得更多更优质的在职培训机会。教育部门应在广泛调研不同地区教育水平的基础上，面向广大欠发达地区教师开展更具有针对性的相关培训，从而有效提升全国中学历史课程家国情怀教育整体水平。

第五章　新时代弘扬家国情怀的理论逻辑与实践路径

第一节　新时代弘扬家国情怀的思想脉络

清初思想家王夫之说："理者，物之固然，事之所以然也。"有关家国情怀的全面认知，要从具体直观的感性认识，提高到抽象性这一新的学理高度。新时代弘扬家国情怀的理论基础主要包括对中国传统家国情怀的弘扬、对马克思关于家国情怀重要论述的继承、对中国共产党领袖群体家国情怀的发展。

一、对中国传统家国情怀的弘扬

数千年来，家国情怀深深根植于中华传统文化的沃土之中，是国家认同建构最坚实的价值基础。中华传统文化中的家国情怀具体包括三个方面，分别是家国同构理念、爱国主义信念和责任担当意识。

（一）中华优秀传统文化中的家国同构理念

"家国同构"是家国情怀思想的重要基石，这一理念来源于中国几千年的历史积淀，其本质是"忠孝合一"。传统社会"家"与"国"的概念还不是十分明确，家国同构思想的产生大致可以追溯至3000年前的西周初年，其实质在某种程度上能够概括为血缘和忠孝，"家庭—家族—国家"这一结构被视为最初意义上的家国同构。另外，谈到家国同构思想，常常会涉及家国一体，家国一体思想致力于实现家国之间的统一，通过强调父权与君权之间的和谐、统一的关系，来达到封建社会的专制目的。在中国古代社会，大一统大多被认为是政务的首要工作，如《礼记》中的"天无二日，土无二王"的传统君权至上的观念。由此可见，这种家国一体的思想理念，本质上是希望通过家庭的兴旺发达和国家的昌盛稳定，来保证专制权力的稳固，带有浓重的封建意识。

家国同构理念产生形成于封建社会，是儒家文化的重要组成部分。它在反映家与国的关系、强调家庭家族之间的血缘关系、发扬重视孝道的传统美德、锻造中华儿女家国同构的民族性格、凸显中华民族的家国一体文化心态、保持家国之间社会关系的和谐稳定等方面发挥了举足轻重的作用，是中国封建社会实现长期稳定的重要特征。但是，我们应当以辩证的观点对其进行挖掘和整理，以此来避免带有一些不合时宜的内容。

（二）中华优秀传统文化中的爱国主义信念

爱国主义是家国情怀思想的合理内核。无数爱国英雄、仁人志士甘愿放弃个人利益，保全国家和民族的利益，经典诗句"留取丹心照汗青""位卑未敢忘忧国""但悲不见九州同"等，诸如此类的诗句都鲜明揭示了以爱国主义为核心的民族精神。由此可见，家国情怀也体现为一种忠于国家和民族的爱国意识，更要求个人的荣辱得失服从于国家和民族的利益。

（三）中华优秀传统文化中的责任担当意识

责任是指分内应做的事，这种对他人的承诺彰显了个体的人格魅力和道德情操。担当是指承担、担负任务，是人依靠自身条件去明确和履行责任所表现出来的身心能量。责任担当意识是中华民族精神的集中反映,历经千百年的时间检验,深藏于中国传统文化的精神内核之中,是中华优秀传统文化最集中的体现,是中华民族积极向上、奋发进取人生态度的高度凝练与清晰阐发,也是家国情怀最为核心和重要的价值内涵。[①]

从《道德经》中的"胜人者有力,自胜者强",到《论语》中"君子忧道不忧贫"等都具体展现了君子的责任担当精神。责任担当意识作为中华优秀传统文化不可或缺的精神底色,在不同的历史阶段,它是中华民族历经磨难而愈挫愈勇、奋发奋起的精神支撑,是中华民族克服困难、生生不息的精神动力,是分析家国情怀培育的重要思想来源。

二、马克思恩格斯关于家国情怀重要论述的继承

家国情怀不仅在中国传统文化中被重视,外国的文献中也有提及。想要深入全面地研究家国情怀,必须结合马克思恩格斯关于家国情怀的重要论述,这里主要论述了马克思的家国情怀思想。要想找马克思系统论述家国情怀的理论,在马克思著作中很难找到,但他的"工人没有祖国"、人类情怀等理论,无不闪烁着家国情怀的光芒,需要我们自己从中提取和发现。

(一)"工人无祖国":遮蔽马克思家国情怀的一道"迷障"

"工人没有祖国"这一论断,是马克思、恩格斯在《共产党宣言》(以下简称《宣言》)中提出的,这是对资产阶级片面地认为共产党人要"取消祖国、取消民族"这一质疑的积极回应。如何正确理解马克思恩格斯的这种回应,对于正确认识马克思关于家国情怀的论述乃至马克思主义的相关观点都具有十分重要的意义。《宣言》在阐述"工人没有祖国"这一国际主义原理的同时,阐明了在推翻资本主义的斗争中,世

---

①张淇.中国传统家国情怀的历史逻辑与时代接续[J].岭南师范学院学报,2023,44(04):106-113.

界无产阶级的共同利益和各国无产阶级的民族利益相一致的思想。非但没有忽视民族利益，而是首先考虑到了无产阶级的民族利益。第一，无产阶级为了夺取政治统治，就必须把自己组织成为"民族的阶级"或"民族的领导阶级"，赋予民族以无产阶级的性质。第二，无产阶级进行的共产主义革命，只有在资产阶级民族范围内才能取得打倒本国资产阶级的胜利，这样，它暂时还只能是民族的。因此，我们讲无产阶级国际主义，就只能说"工人没有祖国"，而不能说"工人不要祖国"。共产主义革命是全人类的共同事业，各国无产阶级在同资产阶级的斗争中，必须从无产阶级的共同利益出发，联合起来，团结奋斗，才能取得最后胜利。

（二）马克思家国情怀与人类情怀思想的新时代镜鉴价值

马克思恩格斯有着博大的人类情怀，他们所思考和奋斗的过程深刻改变了世界人民的命运。马克思主义关于家国情怀思想最大的特点就是与无产阶级国际主义原则相结合。马克思主义是关于无产阶级争取自身解放和全人类解放的科学，无产阶级的阶级利益与全人类的根本利益是一致的，所以无产阶级必须加强无产阶级与被压迫民族和被压迫人民的团结，消灭阶级剥削和民族压迫，解放全人类，推动无产阶级爱国主义和国际主义相结合。这一点也充分体现在恩格斯在《英国工人阶级状况》美国版序言中："共产党人同其他无产阶级政党不同的地方只是：一方面，在无产者不同的民族的斗争中，共产党人强调和坚持整个无产阶级共同的不分民族的利益；另一方面，在无产阶级和资产阶级的斗争所经历的各个发展阶段上，共产党人始终代表整个运动的利益。"马克思恩格斯高度关注德国革命人民对被压迫人民争取民族独立斗争的支持。恩格斯指出："一个民族当它还在压迫其他民族的时候，是不可能获得自由的。因此，只要波兰没有从德国人的压迫下解放出来，德国就不可能获得解放。正因为这样，波兰和德国才有着一致的利益，也正因为这样，波兰的和德国的民主主义者才能够为解放两个民族而共同努力。"凭借这次激动人心的演讲，恩格斯警醒德国人民和波兰人民必须紧密团结起来为争取实现民族独立而斗争。

第二节　新时代弘扬家国情怀面临的机遇与挑战

恩格斯曾说："为了使社会主义变为科学，就必须首先把它置于现实的基础之上。"所以，从现实维度分析新时代弘扬家国情怀面临的机遇和挑战具有重要意义。进入新时代，国内外形势发生重大变化，既赋予弘扬家国情怀良好的历史机遇，同时也面临着复杂而严峻的挑战。从国内国际两大背景出发探究新时代弘扬家国情怀面临的机遇和挑战，为我们坚定信心和保持清醒的头脑提供重要依据。

一、新时代弘扬家国情怀的机遇

面对当下的国情、世情、党情和社情发生的翻天覆地的变化，分析弘扬家国情怀面临的机遇，才能保持实现伟大梦想的战略定力和实践活力。

（一）中华人民共和国取得的伟大成就激发了人们的豪情壮志

中华人民共和国成立70多年，特别是改革开放40多年的不懈奋斗，我国经济实力、科技实力、国防实力、国际影响力均得到大幅提升。70多年的砥砺奋进，中国人民以爬坡过坎的奋斗开创中国特色社会主义新时代，为培育家国情怀奠定了厚实的物质基础。

（二）社会主义核心价值观凝聚起全社会的价值共识

社会结构、利益格局深刻调整，导致多样价值观冲突逐渐加剧，通过社会主义核心价值观教育凝聚全社会价值共识已成为当务之急。社会主义核心价值观涉及了国家、社会和个人三个方面，在中国共产党成立百年的今天，必须按照习近平总书记的要求，"要把家国情怀融入反映全国各族人民都认同的价值观'最大公约数'中"，为弘扬家国情怀提供强大的精神动力。

（三）构建人类命运共同体倡议获得国际社会广泛认可

中国提出构建人类命运共同体的倡议，以实际行动表明构建人类命运共同体的真诚愿望，不仅得到多个国家的支持和尊重，而且使中国的国际影响力迅速增强。在人类命运紧密相连、各国利益深度融合的情况下，中国积极发扬"天下大同"的世界情怀，不断为全世界贡献中国智慧和中国方案，正是祛除当今世界经济积弊的良方。

二、新时代弘扬家国情怀的挑战

在新时代背景下，新时代弘扬家国情怀面临的挑战主要总结为以下三个方面：文化传承创新方面、家庭家风家教方面、国际社会环境方面。

（一）文化传承创新方面

文化是中华民族生存发展的重要力量。传统文化是家国情怀的载体，历史和现实都证明，博大精深的中华文化是在人们无数次选择中慢慢传承下来的文化精髓，体现着人类的文明发展。伴随着时代的进步和经济全球化的进一步发展，各国之间文化的融合愈加紧密。个别心怀不轨的西方政客，企图通过文化渗透的方式影响中华传统文化，诋毁中华优秀传统文化、我国领导人、爱国英雄等现象时有发生。他们试图用个人极端主义给我国的集体主义造成冲击，颠覆我们的家国情怀。尽管西方文化有其可取之处，但是这种现象给家国情怀的培育仍造成较为严重的负面威胁。因此，在新时代对中华优秀传统文化的传承方面仍存在不少问题，需要进一步进行家国情怀的培育。

（二）家庭家风家教方面

家庭教育是新时代开展家国情怀培育的必要渠道，家庭成员的言传身教对家国情怀培育具有至关重要的作用。然而一些父母由于受传统观念的制约将子女的学业成绩作为评判的唯一标准，忽视子女在道德方面的发展，这样不利于他们的成长成才，更不利于他们在今后的学习和生活中实现自我价值和人生价值。父母是孩子生活中最重要的导师，一旦父母在对于孩子品德的要求低于对孩子成绩的追求时，教育的本质就没有真正得到体现。在家国情怀培育的过程中，父母要重视对子女的教育方式，身体力行起到带头模范作用，重视德行的培养①。德行是一个人安身立命的重要支撑，离开了德行，家国情怀就会沦为一句空话。

（三）国际社会环境方面

放眼当下，世界正经历百年未有之大变局，变乱交织、相互激荡的国际局势在客观上给家国情怀的培育带来不少挑战。比如，美方多次给中美关系制造障碍和险局，采取加征关税、增加防务开支、限制华为、不顾盟友劝阻频频"退群"等行为，与世界人民和平与发展的要求背道而驰，已经越来越成为失道者。中国人民倡导弘扬天下情怀，这并不是极端的民粹主义，也不是狭隘的民族主义，而是一种成熟求是的心态。传播中国的积极主张，彰显中国的坚韧力量，维护世界和平发展的正义事业，更需弘扬理性开放的天下情怀，为维护全球和平发展不断注入正能量。

第三节 新时代弘扬家国情怀的实践路径

凝聚家国情怀的奋进力量，把爱国之情转化为报国之行，必须系统

①蔡小菊，田旭明. 新时代弘扬家国情怀的理性自觉[J]. 学习论坛，2020(7)：12-19.

把握新时代弘扬家国情怀的路径导向，正确认识当前弘扬家国情怀境遇的辩证原则，夯实中国梦的共同目标，凝聚家国情怀的价值认同，促进各民族共同繁荣，满足人民对美好生活的向往，创新爱国主义教育路径，构建立体化教育模式，构建人类命运共同体，涵养中国人民的天下情怀。

一、正确认识当前弘扬家国情怀境遇的辩证原则

（一）坚持褒扬正气与抵制歪风的有机统一

习近平总书记不仅反复倡导在全社会弘扬家国情怀，而且在褒扬正气与抵制歪风邪气方面走在前头。他告诫我们："我们党作为马克思主义执政党，不但要有强大的真理力量，而且要有强大的人格力量。真理力量集中体现为我们党的正确理论，人格力量集中体现为我们党的优良作风。"在理论层面来看，他科学研判我国社会主要矛盾新变化，把人民对美好生活的追求当作自己和全党的奋斗目标；提出实现中华民族伟大复兴中国梦的奋斗目标，赋予家国一体、家国同构鲜明的时代内容；倡导构建人类命运共同体，营造和平、发展、合作、共赢国际新格局。与此同时，注重家国情怀教育的实践创新和制度创新。高度重视先进人物的示范引领作用。他尊称第四届全国道德模范龚全珍为"老阿姨"，号召"我们要弘扬这种艰苦奋斗精神，不仅我们这代人要传承，我们的下一代也要弘扬，要一代一代传承下去"。提到时代楷模黄大年，习近平总书记强调，我们要以黄大年同志为榜样，学习他心有大我、至诚报国的爱国情怀，把爱国之情、报国之志融入祖国改革发展的伟大事业之中、融入人民创造历史的伟大奋斗之中，为实现"两个一百年"奋斗目标、实现中华民族伟大复兴的中国梦贡献智慧和力量。提出思政课教师"人格要正"的政治要求。习近平总书记强调，"办好思想政治理论课关键在教师"。如果一个思政课教师自身都品行不正、情怀不深，又如何以身作则培育时代新人？

（二）注重家庭、学校和社会教育的贯通性

健全学校家庭社会协同育人机制，是传承弘扬家国情怀、加强社会主义精神文明建设的基础环节。中国很早就注重学校家庭社会共育后代的责任关系，成为维系中华文明绵延不绝的价值理念之一。中华人民共和国成立以来，特别是改革开放以来，传承弘扬家国情怀，愈加融入社会主义精神文明建设进程，践行社会主义核心价值观，增强中华民族凝聚力，学校家庭社会的相互配合显得格外重要。学校教育特别是在基础教育上的薄弱及缺失，难以靠家庭和社会教育弥补，往往影响人的一生发展；家庭教育失当，易导致孩子品行不良，给学校和社会教育增添难度；社会教育环境欠佳甚至恶化，又可能使家庭和学校教育处于事倍功半的境地。

和谐、融洽、稳定的学校家庭社会关系，对优化育人制度建设将发挥"1+1+1>3"的良性倍增效应。习近平总书记指出，教育、妇联等相关部门要统筹社会资源为家庭教育的发展奠定坚实基础，全社会要肩负起青少年成长成才的重要责任，并明确强调"注重家庭、注重家教、注重家风"。为此，在部署"十四五"时期"社会文明程度得到新提高"的主要目标时，要求社会主义核心价值观深入人心，人民思想道德素质、科学文化素质和身心健康素质明显提高。

二、夯实中国梦的共同目标，凝聚家国情怀的价值认同

（一）弘扬优良传统，强化家国情怀的教化功能

家国情怀扎根于亿万中国人的精神世界，代表着中华民族的优秀文化基因。弘扬爱国主义精神，必须尊重和传承中华民族历史和文化。对祖国悠久历史、深厚文化的理解和接受，是人们爱国主义情感培育和发展的重要条件。部分公众对家国情怀的理解较为模糊，对中华传统文化的认知存在不同程度的偏差，这些都凸显出培育家国情怀的问题与不足。

弘扬家国情怀，需要我们自觉从优秀传统文化中汲取精神滋养。首先，继承传统家国情怀的思想精粹。中华优秀传统文化中的家国情怀具有极为丰富的思想内涵和充满哲思的价值观念，为人民家国情怀的培养提供源源不断的动力，使家国情怀真正融入公众的日常生活。其次，强化党史国史教育。要更加清晰地还原历史真实，建构国家记忆，从源头防范化解历史虚无主义。最后，借助节庆文化提升家国情怀的认同感。要用丰富多元的文化表现形式和传播形式，提高公众对传统文化的兴趣和关注度，更好地将清明、端午、中秋、春节等中华民族传统节日与当代生活相结合，以潜移默化的方式将家国情怀的精神力量根植人心。

（二）牢记初心使命，引领新时代家国情怀建设

2019年6月，中央决定在全党开展"不忘初心、牢记使命"主题教育，提出"守初心、担使命，找差距、抓落实"的总要求，实质上就是要弘扬共产党人的家国情怀，夯实经受"四大考验"、克服"四种危险"的精神支柱，永葆党的先进性和纯洁性。守初心，担使命，牢记为人民谋幸福的根本宗旨，肩负起实现中华民族伟大复兴的伟大使命，带领人民创造更加美好的幸福生活。

中国共产党牢记初心使命，就是新时代伟大的家国情怀。首先，党的初心使命与家国情怀内在统一。习近平总书记关于党的初心与使命认识，经历了一个从"两为一体"（为中国人民谋幸福，为中华民族谋复兴）到"三为一体"（增加一条"为人类谋大同"）的发展过程，充分彰显了中国共产党人的伟大理想和世界情怀。其次，党员干部要勇做新时代的"两个先锋队"。"两个先锋队"强调了党代表工人阶级的利益与代表中国最广大人民群众的利益和中华民族的利益的一致性，鼓舞了无数共产党人勇做民族解放的先锋。今天，实现中国梦，仍然要继续当好新时代的"两个先锋队"。再次，要把家国情怀落实到解决民生问题上。家国情怀不是抽象的，要通过补足"民生短板"来体现。习近平总书记最关注贫困人口脱贫，每到一个地方调研，他都要到贫困村和贫困户了

解情况，有时还专门到贫困县调研。最后，人民群众是践行初心使命好坏的评判者。习近平总书记强调："党员、干部初心变没变、使命记得牢不牢，要由群众来评价、由实践来检验。我们不能关起门来搞自我革命，而要多听听人民群众意见，自觉接受人民群众监督。"

（三）追求伟大梦想，凝聚民族复兴的宏大力量

今天的中国，正站在"两个一百年"奋斗目标的历史交汇点，实现第一个百年的奋斗目标已成为现实，实现第二个百年的奋斗目标指日可待。习近平总书记在党的十九大上告诫全党同志，"行百里者半九十"，全党必须准备付出更为艰巨、更为艰苦的努力。

中国梦激发中国人民奋力前行的巨大精神力量，需要解决好一系列的困难和问题。首先，充分认识中国梦是家国一体的时代表达。家国情怀把个人抱负、集体希冀、民族理想融为一体，它是一种崇高的道德理想和人间情怀，是中华文明的血脉和动力。中国梦把国家、民族和个人凝结成为一个命运共同体，以个人出彩为基点、以国家支撑、以民族振兴为目标，是传统家国一体的时代创造。其次，要以自觉维护祖国统一为己任。家国情怀的本质是国家优先，当国家利益、民族利益与个人利益发生冲突时，自觉维护国家和人民的利益。最后，促进个人梦与中国梦的共荣共生。新时代中国梦助推个人梦的实现，个人梦为中国梦的实现提供动力支撑。要将个人梦融入实现中华民族伟大复兴的中国梦中，敢于筑梦、勇于追梦、勤于圆梦，努力在民族复兴的历史舞台上书写辉煌人生。

三、促进各民族共同繁荣，满足人民对美好生活的理想

（一）发扬忠孝双全的优良传统

中华民族是一个十分重视孝道的民族，忠孝双全是我国传统家国情怀的典型表达和至善境界。

在进入新时代的条件下，中国共产党人应该如何看待"忠孝两全"这个传统文化的核心命题？在2019年春节团拜会上，习近平总书记指出"在家尽孝、为国尽忠是中华民族的优良传统""我们要在全社会大力弘扬家国情怀"。一方面，倡导"在家尽孝"的传统美德。家庭是社会的基本细胞，是人生的第一所学校。他认为"家风是一个家庭的精神内核，也是一个社会的价值缩影"。他多次强调，"家庭和睦则社会安定，家庭幸福则社会祥和，家庭文明则社会文明""没有千千万万家庭幸福美满，就没有国家繁荣发展"。他谆谆告诫广大党员干部，"领导干部要把家风建设摆在重要位置"。他指出，领导干部的家风，不是个人小事、家庭私事，而是领导干部作风的重要表现。另一方面，把为国尽忠作为一生追求的目标。在实践上，他倡导要自觉把尽忠与尽孝、爱家和爱国统一起来，古语有云"正家，而天下定矣""天下之本在国，国之本在家"，都是要我们坚持弘扬爱家爱国的传统美德，如此，千千万万个家庭才能成为国家发展、民族进步、社会和睦的重要基点①。

（二）立足社会主要矛盾新变化的基本国情

"人民美好生活"是我们解读新时代习近平治国理政的关键词、主题词和高频词。他认为经过改革开放的长期发展，我国人民生活显著改善，对美好生活的向往更加强烈，人民群众的需要呈现多样化多层次多方面的特点。党的十九大报告的开篇，就号召全党要"永远把人民对美好生活的向往作为奋斗目标"。

中国共产党成立以来，立足不同时期的时代要求，自觉把握社会主要矛盾的发展变化，与时俱进地提出人民群众对美好生活的奋斗目标，引领人民阔步向前。经过改革开放40多年的发展，习近平总书记在党的十九大上指出："中国特色社会主义进入新时代，我国社会主要矛盾已经转化为人民日益增长的美好生活需要和不平衡不充分的发展之间的矛

①黄清涛，汪永平. 家国情怀助力社会主义核心价值观培育的内在机理与实现路径[J]. 社会主义核心价值观研究，2023，7（3）：68-76.

盾。"从中国共产党建党百年的历程来看，我们党不断加强对我国社会主要矛盾变化的新认识，家国情怀彰显出自身维护社会系统整体协调运转的价值功能，这既是意识形态领域有机整体丰富完善的理论要求，也是我国社会发展进步的实践诉求。

四、创新爱国主义教育路径，构建立体化教育模式

（一）顶层设计"从大抓起"：关注大局大势

当前，中华民族伟大复兴进入攻坚阶段，中共中央、国务院印发《新时代爱国主义教育实施纲要》，强调重视爱国主义教育，对于提振民族精神、团结全民族力量，决胜第二个百年奋斗目标，实现中国梦，具有重要意义。加强顶层设计，谋好大局大势。要将爱国主义教育摆上各级党委和政府的重要日程，形成全国一盘棋的局面，中央层面对爱国主义教育主题、内容和方式等内容作出统一规划和部署，结合现实情况，各地区和行业要落到实处。要加强新时代爱国主义教育，传承践行好新时代爱国主义精神，在爱国奋斗中找到立身之本。

（二）家庭教育"从小抓起"：立足小时小事

习近平总书记高度重视家庭、家教和家风建设，他指出"家庭是人生的第一个课堂"，"家风是一个家庭的精神内核"，"家风是社会风气的重要组成部分"，他特别强调"我们都要重视家庭建设，注重家庭、注重家教、注重家风"的问题，让好家风带民风、促政风、树新风。

（三）学校培育"从细抓起"：注重落细落实

新时代高校大力弘扬爱国主义，首先，要深入开展爱国主义教育。充分发挥课堂教学主渠道作用，着力构建课堂内外相互补充、主辅渠道相互促进、理论实践相互印证的爱国主义教育体系，把爱国主义教育不断引向深入。让学生深刻认识到爱国主义的本质是坚持爱国和爱党、爱社会主义高度统一，立下爱国之志，激发学习动力。其次，要持久开展

爱国主义教育。爱国主义教育必须久久为功，在每个人心中牢牢扎根，始终贯穿国民教育和精神文明建设始终。坚持不懈以文化人、以文育人，将爱国主义教育融入校园精神文明建设，引导学生做到自尊自信、理性平和、积极向上，推动将爱国之情转化为实际行动。最后，要生动开展爱国主义教育。高校要抓好思政课改革创新，厚植爱国主义情怀，充分发挥学生主体作用，深入细致地开展互动式、启发式、交流式教学，引导学生高扬爱国主义旗帜，提升思政课的思想性和亲和力，在教育教学中帮助学生构筑国家意识、激发爱国情感，并在知行合一上下功夫，将教育成果转化为爱国报国的实际行动。

（四）社会涵育"从实抓起"：坚持实事求是

随着网络技术的发展，以微博、微信为主的新媒体不断涌现，不同程度改变了社会大众传统的思维习惯，快手直播等成为年轻人追逐的时尚潮流。网络平台对家国情怀的新表达、新诠释，很好地呈现了家国情怀中蕴含的时代内涵，构建网络传播阵地已成为培育公众家国情怀的重要途径。

五、构建人类命运共同体，涵养中国人民的天下情怀

（一）倡导多边思维，打造政治共同体

基于对世界大势的科学研判，习近平主席提出了推动构建人类命运共同体的重要倡议。多边主义之所以能够成为时代潮流，与世界各国利益交融、命运与共的时代背景密切相关。多边主义的精神实质、实现路径与推动构建人类命运共同体的丰富内涵、长远目标等相互连通、形成支持。多边主义在国际社会得到深入贯彻，有利于推动构建人类命运共同体。

面对新形势新挑战，只有依靠多边主义，联合国才能更有效地发挥作用，世界各国大家庭才能和睦共处、共同发展。在新形势下，世界各国应共同维护世界反法西斯战争胜利成果，反对任何开历史倒车行为，

抵制单边主义、霸权主义和强权政治，坚定支持多边主义，坚定捍卫联合国宪章宗旨和原则，维护以联合国为核心的国际体系和以国际法为基础的国际秩序，推动国际关系民主化法治化合理化；应共同建设更加平等均衡的新型全球发展伙伴关系，坚持全球治理观，以更加平衡的方式，体现大多数国家的实实在在的利益，尤其是新兴国家和发展中国家，更有效地直面新形势新挑战。

（二）维护共同利益，打造经济共同体

今天，经济全球化已成为不可逆转的历史大势，人类社会已经形成了"你中有我、我中有你"的命运共同体。同时，全球发展深层次矛盾依然突出，霸权主义、强权政治依然存在，保护主义、单边主义、民粹主义逐渐蔓延发酵，发展失衡、治理困境、数字鸿沟、公平赤字等问题也客观存在，威胁和影响世界和平与发展，亟待增强全人类的天下情怀。

构建大同世界，需要中国人民和世界人民共同努力。首先，树立"为世界谋大同"的崇高情怀。习近平总书记告诫我们，"中国共产党是世界上最大的政党。大就要有大的样子"。积极推进新型国际关系构建和全球事务共同治理等。其次，推动中国梦与世界梦同频共振。中国梦要在和平发展道路上实现中华民族伟大复兴，中国梦的实现离不开世界和平；世界梦是世界各国人民共商共建人类命运共同体，世界梦的实现离不开中国的发展与贡献。最后，致力于推动"一带一路"。努力打造跨越国界的命运共同体、责任共同体、利益共同体，谋求各国发展战略对接，形成共同发展势头，为世界发展注入新动力，使更多国家分享中国发展带来的机遇和红利。

（三）推动文化交流，打造文明共同体

诚然，文化多样化的不断发展给全世界带来诸多机遇，人类生活在多样性文明交流融合的世界里，不同文明交相辉映、相得益彰，交流互

鉴、共同成长，形成了你中有我、我中有你的命运共同体。不同文明唯有彼此融汇，才能展示其发展的活力，只有相互包容，才能保持其生命活力。各个国家和人民应以包容的胸怀和欣赏的眼光，在学习借鉴中丰富完善自身文化，实现文明和谐、文明共生，以文明交融实现人类社会发展，以守正创新创造维护世界和平的纽带。要倡导新型文明观，弘扬中华文化和而不同的精神，倡导平等与共享的全球治理理念，汇聚构建人类命运共同体的文化合力。

（四）携手应对挑战，打造安全共同体

安全是一个国家生存发展最基本的前提，中国从"总体国家安全观"，到"普遍安全"的全球安全观，迈出一条独具特色的"新安全观"之路，并受到国际社会的广泛支持和认可。放眼当下，人类命运共同体不仅是对本国负责也是对他国负责的责任共同体，更是"中国好，世界才更好"的价值共同体。

（五）坚持绿色发展，打造生态共同体

习近平生态文明思想强调了生态文明的共同体责任。这一思想凭借广阔的全球视野和开放品格，对当代中国和全世界发展有着独特的价值。坚持绿色低碳，共同构建一个清洁美丽的世界。中华民族永续发展的千年大计，不可以以破坏生态环境为代价换取经济发展。绿水青山就是金山银山，各国应把尊重、顺应、保护自然放在首要位置。面对日益严峻的生态环境挑战，中国坚持环境友好，勇于承担自己的义务，与全人类携手合作，共享治理经验，更好地守护人类的美丽家园。

参考文献

[1]蔡小菊，田旭明.新时代弘扬家国情怀的理性自觉[J].学习论坛，2020（7）：12-19.

[2]陈龙江.涵养家国情怀赓续精神血脉[J].奋斗，2023（23）：57-58.

[3]程翔."在家尽孝、为国尽忠"大家谈[J].共产党员，2019（6）：60-61.

[4]郭晟豪，王皓铎.网络媒体接触何以影响青年的家国情怀：对不同年龄层次青年网民的分析[J].岳麓公共治理，2023,2（04）：58-71.

[5]黄清涛，汪永平.家国情怀助力社会主义核心价值观培育的内在机理与实现路径[J].社会主义核心价值观研究，2023,9（3）：68-76.

[6]姜海龙.家国天下 修齐治平里的人文情怀[M].北京：外语教学与研究出版社，2022.

[7]孔君.基于家国情怀素养的初中历史课堂教学探究[J].中学历史教学参考，2023（32）：75-77.

[8]黎靖德.朱子语类[M].北京：中华书局，2020.

[9]李铁柱.浅论高中历史教学中文化自信和家国情怀的培养[J].中学历史教学参考，2023（30）：68-70.

[10]林俊杰，吴沁芳.共同体视域下的"家国情怀"及其价值重建[J].齐齐哈尔大学学报（哲学社会科学版），2020（4）：5-9.

[11]栾淳钰.中国共产党百年家国情怀学术史[J].社会科学动态，2021（6）：5-11.

[12]秦玉娟.论中国共产党精神谱系中的爱国情怀[J].思想教育研究，2021（6）：87-90.

[13]任鹏,李毅.新时代中国共产党的家国情怀观[J].东北大学学报（社会科学版）,2022（4）:109-117.

[14]石宇,王明生.新时代青年家国情怀涵育的价值、向度及着力点[J].思想教育研究,2023（11）:102-108.

[15]习近平.高举中国特色社会主义伟大旗帜 为全面建设社会主义现代化国家而团结奋斗——在中国共产党第二十次全国代表大会上的报告（节选）[J].天津市工会管理干部学院学报,2022（4）:1-3.

[16]习近平.高举中国特色社会主义伟大旗帜 为全面建设社会主义现代化国家而团结奋斗——在中国共产党第二十次全国代表大会上的报告[M].北京:人民出版社,2022.

[17]习近平.坚持严的主基调不动摇 坚持不懈把全面从严治党向纵深推进[J].共产党员（河北）,2022（4）:4-6.

[18]习近平.习近平谈治国理政:第3卷[M].北京:外文出版社,2021.

[19]习近平.在纪念马克思诞辰200周年大会上的讲话[M].北京:人民出版社,2018.

[20]习近平.在纪念中国人民志愿军抗美援朝出国作战70周年大会上的讲话[N].人民日报,2020-10-24（002）.

[21]肖飞阳.中国共产党政党精神研究[D].衡阳:南华大学,2018.

[22]张朝民.核心素养视域下高中历史校本课程的开发与实施[J].中国农村教育,2019（6）:63.

[23]张淇.中国传统家国情怀的历史逻辑与时代接续[J].岭南师范学院学报,2023,44（04）:106-113.

[24]赵晓莹.中国共产党精神谱系的核心要义及价值意蕴[J].徐州工程学院学报（社会科学版）,2022（2）:16-21.

[25]中办印发《领导干部配偶、子女及其配偶经商办企业管理规定》[J].支部建设,2022（18）:6.

[26]中共中央党史和文献研究院.习近平关于注重家庭家教家风建设论述摘编[M].北京:中央文献出版社,2021.